KB195960

우리 삶은 '날마다 무엇을 보고 듣는가'에 달려 있습니다.

날마다 보는 것과 듣는 것을 바꾸지 않으면 아무리 주일 예배 때나

부흥회 때, 제자훈련에서 은혜를 받아도 삶은 변화되지 않습니다.

아브라함의 조카 롯이 소돔 성으로 이사 가서 살다가 망한 이유에

대하여 성경은 날마다 소돔 성 사람들의 불법한 행실을 보고 들으며

살았기 때문이라고 했습니다(벧후 2:8).

누가복음 17장은 예수님께서 다시 오실 때 걱정하셨던 것에 대해

말씀합니다. 사람들이 심각한 죄를 짓는 것이 아니라 마치 먹고

마시고, 학교에 가고, 일하고, 집 사고, 차를 사고, 시집 장가 가려고

세상에 태어난 것처럼 살 것을 걱정하셨지요.

먹고 마시며 사는 것이 그렇게 큰 문제입니까? 주님이 함께

하시는데 주님은 잊어버린 채 세상일에만 온통 정신 팔려 살기에

문제인 것입니다.

다윗의 삶이 위대했던 이유는 너무나 단순합니다.

하나님께서 항상 자기 앞에 계시다는 사실을 명심하고 살았기

때문이지요(시 16:8).

전대진 작가는 아직 청년이지만 베스트셀러 작가이고 SNS 20만 인플루언서입니다. 그가 이런 삶을 사는 것은 일상에서 예수님과 동행하는 사람이기 때문입니다.

이 책은 그가 7년 동안 예수동행일기를 쓰면서 일상에서 깨우치고 가르치고 회개하게 하시고 믿음을 세우신 주님과 동행하였던 기록입니다. 그가 쓴 일기는 평범해 보이지만 깊은 은혜와 감동, 깨우침이 있습니다. 그의 삶 속에 함께하시는 주 예수님과 주님께서 행하시는 일을 볼 수 있기 때문입니다.

성경의 인물이나 신앙 위인의 일화가 아니기에 우리 일상의 삶에서도 동일하게 경험될 수 있다는 점에서 놀라운 것입니다.

전대진 작가는 예수님과 일상 속에서 동행하는 훈련을 통하여 자신만 변화된 것이 아니라 전국을 다니며 크리스천 청년들과 다음세대들을 대상으로 비전의 메시지를 전하고 있습니다.

이 책을 읽는 사람마다 자신도 일상의 삶에서 예수님과 동행할 수 있음을 알게 될 것입니다. 그리고 그렇게 살고 싶어질 것입니다.

유기성 목사
선한목자교회 담임

하나님,
저 잘 살고 있나요?

하나님, 저 잘 살고 있나요?

지은이 전대진
그린이 김유림(라이트니스)
펴낸이 임상진
펴낸곳 (주)넥서스

1판 1쇄 발행 2022년 2월 10일
1판 38쇄 발행 2025년 1월 20일

출판신고 1992년 4월 3일 제311-2002-2호
주소 10880 경기도 파주시 지목로 5 (신촌동)
전화 (02)330-5500 팩스 (02)330-5555

ISBN 979-11-6683-213-0   03230

www.nexusbook.com

하나님,

저 잘 살고 있나요?

전대진 지음

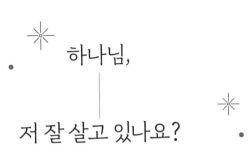

충분히 빛나고 있는
당신을 위한 일상 묵상

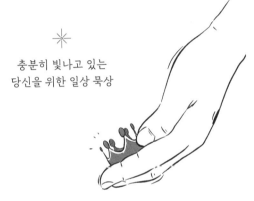

넥서스CROSS

이런 생각해본 적 있나요?

나름대로 최선을 다해 믿음으로 살아보려고 애썼는데, 아무리 애쓰고 기도하고 또 결단해도 오늘을 사는 내 모습을 보니 잘 살고 있는 건지 모르겠다는 생각. 내가 지금 걸어가는 이 길이 하나님이 기뻐하시는 길인지 확신이 들지 않아 근심과 걱정, 염려가 몰려올 때 "하나님, 저 잘 살고 있나요?"라고 물으면 하나님께서 속 시원하게 답해주셨으면 좋겠다는 생각.

크리스천으로서 세상의 빛과 소금이 되어 선한 영향력을 끼치는 삶을 사는 것은 고사하고, 내 믿음 하나 지키는 것도 벅차 꾸역꾸역 현실을 살아가는 내 모습이 너무 보잘것없고 무력하다는 생각.

지나온 시간을 돌아보면 그저 감사하고 모든 게 하나님의 은혜라고 고백하지만, 도대체 왜 그때 그 '그 순간'에는 하나님의 은혜를 피부로 느끼지 못하고, 왜 그때는 진심으로 감사하지 못하고, 늘 뒤늦게 그 모든 게 은혜였다는 걸 깨닫게 되는지.

지금 감사하고, 지금 이 순간 하나님과 동행하고, 일상 속에서 그 은혜의 손길을 느낄 수는 없을까 하는 생각.

《하나님, 저 잘 살고 있나요?》는 제가 지난 6년간 매일 쓴 예수동행일기에서 발췌한 글입니다.

제가 삶으로 살아낸 것만 적었습니다.
여러분이 따라할 수 없고, 따라할 엄두조차 나지 않는 '영웅 이야기'나 고난과 역경 속에서 일어나는 드라마틱한 간증이 아니라 똑같은 현실을 살아가는 '친구 이야기', 평범하고 반복되는 소소한 일상 속에서 하나님의 임재를 느끼며 동행한 이야기입니다.
일상 속에서 늘 함께하시는 하나님의 사랑, 가정과 교회와 일터, 삶의 모든 현장에서 나와 함께하시는 하나님을 느끼는 이야기입니다.

죄와 세상으로부터 우리를 무감각하게 만드는 달콤한 위로의 메시지가 아닌, 사랑이 없는 일방적인 도전의 메시지도 아닌, 제가 삶 속에서 하나님을 의식하며 온 몸으로 삶에서 부딪히며 성장한 이야기들을 담았습니다. 고난과 승리의 양극단에 계신 하나님이 아니라 모든 순간에 함께하시는 하나님을, 일상 속 하나님을 나누고 싶었습니다.
실수한 것, 잘한 것 어느 하나 숨기지 않고 있는 그대로를 담은 저 전대진의 시편입니다.

힘든 오늘을 살아가는 성도들에게 위로와 도전이 되길 소원합니다. 그리고 바라기는, 한국 교회와 영혼을 사랑하며 하나님 말씀을 전하시는 목사님들과 전도사님들이 예화로 사용할 만한, 주 안에서 자랑하고 나눌 수 있는 이 시대의 크리스천 청년 이야기가 되길 원합니다.

아무런 소망 없던 청년이 오늘날 이러한 책을 낼 수 있도록 7년 전, 예수동행일기라는 훈련교재를 편찬해 큰 도전과 도움을 주신 유기성 목사님께 감사합니다.

2022년 1월
전대진

프롤로그 4

1장
하나님 찾기를 멈추지 않고 _ 11

함께하시는 하나님

당당할 수 있는 이유

엎드림이 업드림(UP dream)이다

하루의 시작 시간을 사수해야 하는 이유

약점은 능력

겸손

$0 \times 1억 = 0$

혼란스러울 때

오늘이라는 비전

균형, 하나님의 자존심

주님과 함께 쓰는 드라마

주인 체인지

하나님 대략난감

고전 중의 고전

타들어가는 마음, 홍수 같은 눈물

그거 아니?

눈물 흘릴 때 행복한 사람

날 좀 보소

기쁨과 슬픔을 대하는 법

아직 이루어지지 않은 기도

소원 기도

천 마디보다 한마디

마음껏 구할 것

그곳으로 가자

비전의 추월차선

부족과 완전

모인 교회, 흩어진 교회

하나님의 꿈

위기와 재앙

최고의 자랑

코로나19 덕분에

영향력

고난을 위한 고난은 없다

위기 묵상

주님의 빛

우리의 쓰임

깨져야 한다

하나님이 보시는 것

2장

나와 이웃의 만남을
꾸준히 만들며 _ 87

한 글자, 한 인생, 한 세상
운명을 바꾼 기도
하나님의 타이밍
이름을 불러준다는 것
빛의 대화
지혜를 구하게 하시려고
한결같은 아들이고 싶은 마음
하나님이 포기하지 못하시는 것
가장 중요한 실력
완벽주의 버리기
주님이 만드신 영향력
영혼을 세우는 법
영광스러운 고난
엘리트 용사 코스
부지런함과 힘듦
교만하다고요?
영적 흐름 바꾸기

어긋난 기대와 배움
상처의 크기 사명의 크기
희망을 주는 드라마
하나님의 위로자
주님 앞에서 울면
구멍 난 가슴을 채우는 것
사랑의 표현, 기도
다가가 나누는 기쁨
돈 주고 사는 행복
가장 귀한 일
나의 퀵보드는 무엇일까?

3장

님의 말씀을 살아내다 _151

Right, Now

내 아버지의 응원

눈물의 청소

주님을 놓친 1분

나의 행복, 나의 자랑

한 아이의 꿈

최고의 기적

과거 NO, 갈망 YES

바쁠 때 하는 기도

모래알과 백사장

조약돌의 꿈

내 삶을 움직이는 단어들

용서한다는 것

꽃이 아름다운, 사람이 귀한 이유

이런 마음이셨어요?

순종은 단무지

믿음, 소망, 사랑 세트

조급할 필요 없어

Giver가 Winner다

풍요를 버티라

결단해도 소용없다

골리앗의 이마

사고 감사예배

주님을 놓친 10초, 내 안의 괴물

하나님이 하셨습니다?

행복과 불행

갓난아기가 엄마 젖을 찾듯

나의 시편, 기록의 이유

1장

하니님 찾기를
멈추지 않고

2장   나와 이웃의 만남을 꾸준히 만들며

3장   님의 말씀을 살아내다

✴ 함께하시는 하나님

씨앗이 자라서 뿌리를 내려 꽃이 되고,
열매를 맺었다가 시들어 죽는 모든 과정 중
가장 힘겨운 순간은 언제일까?
씨앗이 처음으로 땅 위로 싹을 틔우는 순간이다.
돌파하는 그 순간!
그러나 한 번 돌파하면 그 순간부터는 거침없이 쭉쭉 자란다.
하나님은 우리에게 말씀하신다.

아들아, 딸아. 너는 지금 새싹이다.
새싹이 막 텄으니 이제 시작이다.
이제 쭉쭉 자랄 일만 남았다.
그럼 이제 네가 뭘 해야 하지?

더 기도하고 말씀도 더 봐야겠지요?

그건 당연한 거고.

음, 그럼 제가 무엇을 하면 될까요?

그 답은 네가 스스로 찾아야 해.
모든 사람이 찾아야 할 문제고.

하나님의 관심사는 '목적지'가 아니라
'나와 함께하시는 것'이다.
하나님은 내가 자라기 위해 무엇을 해야 할지 고민하고
계속 시도하기를 멈추지 말라 하신다.
하나님은 정답을 알려주지 않으신다.
애초에 정답이란 건 없다고 하신다.
하나님께서는 매순간 나와 교제하며
가슴 떨리는 프로젝트를 함께하길 원하신다.
연인이 새로운 데이트 장소를 찾듯
주님은 나와 늘 더 깊게 교제하기 위한
새로운 장소로 몰아가신다.

✦ 당당할 수 있는 이유

성경에는 소망을 품으라는 말씀이 많다.
그래서 한때 '하나님은 과거나 현재보다
미래를 중요하게 생각하신다'고 여겼다.
그런데 주님은 기적의 하나님이심과 동시에
우리의 형편을 너무 잘 아는 지극히 현실적인 분이시고,
현실 속에서 희망을 외치는 분이심을 발견했다.

부조건 잘 될 거라고 스스로에게 최면을 거는
낙관주의자는 현실을 피한다.
잘 될 거라는 말에 근거가 없다.
반면 현실주의자는 '과거'밖에 근거가 없다.
과거의 자료나 경험에 비추어 현재를 대하며
"과거에 그랬으니 앞으로도 그럴 것이다"라는 결론을 내린다.
다시 말해 "너는 여태까지 꼴통이었으니
앞으로도 꼴통이다"라는 것이다.

하지만 주님은 다윗과 함께한 꼴통 400명을

용사 400명으로 바꾸시는 분이 아닌가.

어부와 무식한 사람, 세리를 세상을 변화시키는 제자로

바꾸시는 분이 아닌가.

핍박하던 사울을 바울로,

노예 요셉을 총리 요셉으로,

노인 아브라함을 믿음의 조상으로,

화를 잘 내는 모세를

민족 최고의 지도자로 바꾸신 분 아닌가!

인생 역전 드라마 최고 감독이 아닌가!

그 하나님이 이제 나의 하나님이 되어주실 것이다.

> 여호와의 말씀이니라 너희를 향한 나의 생각을 내가 아나니
> 평안이요 재앙이 아니니라 너희에게 **미래와 희망**을 주는 것이니라
> _예레미야 29:11

우리 하나님은 현실적인 낙관주의자시다.

우리가 그렇게 살기를 원하신다.

우리에게는 세상 사람들에게 없는 확실한 근거, 즉 '말씀'이 있다.

그러니 우리는 당당할 수 있다.

✴ 엎드림이 업드림(Up dream)이다

기도하는 데 시간을 쓰는 것은
인생의 시간을 절약하는 것이다.
하나님은 나를 계속 엎드려 있게 내버려 두시는 분이 아니니까.

내 힘과 지혜가 아니라 주님 앞에 머물러
지혜와 능력을 공급받아 일하면
놀라운 주님의 인도하심을 경험한다.

더 이상 혼자 애쓰고 용쓰지 말자.
주 앞에 엎드리는 것이 업드림(Up dream)하는 길이다.
주님의 도우심을 경험하는 삶을 살자.

✦ 하루의 시작 시간을 사수해야 하는 이유

아침 묵상 시간을 지키지 못한 날의 이야기다.
무더운 날씨에 운동 마치고 집으로 가는 길,
어머니께 전화 한 통이 걸려왔다.
어머니는 예전부터 어떤 문제를
종종 나에게 전화해 털어놓으셨다.
몇 년간 계속 되어온 이야기, 들으면 힘이 빠지는 이야기,
들을 때마다 나를 지치게 하는 이야기라
다시 하지 말아달라고 부탁했는데….

"왜 내가 예전에 말할 때 듣지 않고 무시하다가
또 이렇게 뻔한 결과를 가지고 와서 이야기하시느냐."

여러 번 들은 이야기를 또 들으려니 순간
짜증이 나서 튀어나온 말이었다.

그렇게 전화를 끊고 나서 '아차' 싶었다.

운동 마친 후 홀가분했던 마음이 무거워졌다.

이렇게나 예민한 감각을 지니고 있는 마음을 지키지 못하면

무너지는 건 한순간이다.

주님을 놓친 결과다.

집으로 돌아와 다시 어머니께 전화를 드리니,

그 사이 문제는 해결되어 있었다.

뒤늦은 묵상을 위해 성경을 폈다.

말씀을 읽는 순간 또 한 번 '아차'를 외쳤다.

아침에 놓친 말씀이 다름 아닌

"부모를 기쁘게 하라"(잠 23:25)였기 때문이다.

하루의 첫 시간에 묵상을 하는 것과

하루를 살다가 중간에 하는 것은 다르다.

워밍업을 충분히 하고 달리는 것과

급히 달리다가 넘어져 다시 일어서는 것이 다르듯.

처음부터 제대로 조율된 방향을 향해 달려가는 것과

중간 중간 흔들리는 것은 다르다.

하루의 첫 시작을 묵상으로 시작하지 못하면 이렇게 실수를 한다.

내 실수를 공동체 큐티방에서 나누자

각자의 연약함이 하나둘 고백되기 시작한다.

역시, 내 약함이 자랑이다. 하나님은 나의 약함도

귀하게 여기시고 아름답게 사용하신다.

이렇게 연약함을 깨닫고 이겨 나가는 것이

그리스도인의 삶이라고 믿는다.

✴ 약점은 능력

하나님은 나의 장점과 가능성을 보시고
약한 나를 들어 쓰신다.
사람들에게는 약점이 약점일 뿐이지만,
그리스도인에게는 약점이 하나님의 은혜를 담는
그릇이고 능력이다.
약함은 부끄러운 게 아니다.

그러므로 내가 그리스도를 위하여
약한 것들과 능욕과 궁핍과 박해와 곤고를 기뻐하노니
이는 내가 약한 그때에 강함이라

_고린도후서 12:10

✳   겸손

하나님께서는 종종 '겸손'을 묵상하게 하신다.

겸손이란 '자신의 자리를 알고, 그 자리를 지키는 것'이다.

나는 그것이 단순히 나에게 맡겨진 일을 하면서

자리를 지키는 것이라고만 생각했는데 주님은

청년의 때에 어느 때보다 더 배우고 준비해야 하는 자리에

자신을 던져 넣어야 함을 알게 하셨다.

하나님은 다니엘을 쓰시기 전에도

바빌로니아의 언어와 문화를 배우도록 했고(단 1:4)

3년 동안 교육시킨 후 왕을 모시게 했다(단 1:5).

요셉을 쓰실 때는 어땠는가.

13년간 이집트로 외국 유학을 보내셨다.

다윗도 12~13년간 광야 학교로 유학을 보내셨다.

적당히 잘 되면 안주하게 되고, 안주하면 교만해진다.

편안하면 하나님 아닌 다른 곳에 안정감을 두고
나태해지다 결국 하나님을 떠난다.
그래서 하나님께서는 늘 안주할 수 없는 곳, 낯선 곳으로
나를 몰아가시는 것 같다.

내가 가득 차야 타인에게도, 세상에도 흘러갈 게 있다.
내가 안일하게 산다면 그건 또 세상에서
하나님을 욕 먹이는 게 아닌가?

젊은이가 배우지 않는다는 것은 단순히 게으름의 차원을 넘어
'나는 이 정도면 된다. 나는 다 안다'라는 교만의 표현이다.

내 백성이 지식이 없어 망한다 하셨고
교만은 패망의 선봉이라 하셨다.
또한 나보나 남을 낮게 여기라고 하신 건
남을 판단하고 가르치려하기보단
그에게서 배울 점을 찾으라는 겸손의 말씀 아닌가?
배움은 곧 겸손이다.

주님께서는 늘 내가 학생의 자세, 도전자의 자세,
배우는 자의 자세를 갖길 원하셨다.

온 세상이 나의 교실이고 나는 지금 더 훈련받을 때다.
그리고 우리 주님은 최고의 선생님이시다.

'당연함' 뒤에는 '교만'이 숨어 있고
'감사함' 뒤에는 '겸손'이 숨어 있다.
세상에 당연한 건 하나도 없다.
'권리'가 아니라 '은혜'이다.
받을 줄만 아는 사람이 되지 말고
마땅히 감사해야 할 일에는
감사를 표현할 줄 아는 사람이 되자.
주님도 감사할 줄 아는 사람에게
더 귀한 복을 허락하신다.

✳ 0×1억＝0

0에는 아무리 많은 수를 곱해도 그 결과는 0이다.

하지만 많은 수에 1을 곱하면 곱한 만큼의 숫자가 나온다.

즉, 1×1억은 1억이 된다.

내가 해야 할 '최선의 1'을 할 때

하나님의 1억 역사가 나타난다.

그러나 내가 아무것도 하지 않으면 아무 일도 일어나지 않는다.

내가 해야 할 것을 하지 않고 기도만 하는 사람을

'광신자'라고 한다. 반대로, 내가 힐 일만 좇고

주님을 찾지 않으면 '탕자'다.

이 둘의 균형을 이룬 사람은 늘 책이나

대단한 간증의 자리에서만 볼 수 있는 걸까?

사실 교회 안에서 삶의 균형이 잡힌 모델을 찾기 힘들다.

하나님께서는 창세 때 사람을 만드시며

우리에게 땅을 다스리라 했고, 경작하라 했고,

복의 근원이라 하셨다.
그리고 가서 제자 삼으라고 하시며
우리를 '리더'로 세우셨다.
주님은 오늘도 이렇게 말씀하신다.

"너는 균형 잡힌 리더가 되어라.
네가 해야 할 일은 네가 최선을 다해서 하고,
네가 나에게 엎드려 기도할 때 나는 너를 도울 것이며
내가 너를 세상 가운데 높일 것이다."

그러므로 하나님의 능하신 손 아래에서 겸손하라
때가 되면 너희를 높이시리라
_베드로전서 5:6

세상과 주님 사이에 양다리 걸친
날라리 신앙이 되지 말고,
주의 꿈을 안고 세상을 훨훨
날아다니는 신앙이 되자.

유망한 직업보다도
유명한 지위보다
유일한 주님 안에
진정한 승리가 있다.

✦ 혼란스러울 때

그동안 열심히 전도를 했는데 지금은 보이지 않는 영혼들을
생각할 때면 내가 무엇을 잘못하고 있는 건지
무엇이 문제인지 몰라 답답했다.
하나님께서 내가 잘못하고 있는 부분을 깨닫게 해주시려고
불편한 마음을 주시는 건지, 아니면 잘하고 있지만
이런 과정을 통해 하나님께서 가르치고자 하시는 게 있는 건지
궁금하면서도 혼란스러웠다.
하나님께 내 마음을 털어놓으니, 이런 답을 주셨다.
"내가 무엇을 하든, 그 모든 건 널 사랑하기 때문이야."

맞다.
내 삶에 무슨 일이 일어나든 그 모든 건
하나님이 나를 사랑하기 때문에 허락하신 거다.

"하나님은 준비된 자를 쓰신다"라는 말의 의미는
준비하는 과정 내내 나를 버려두신다는 뜻이 아니다.
세상은 어느 회사에 합격하고
어느 시험에 합격해야 그곳의 일원이 된다.
그리고 그곳에 들어가기까지의 과정은
나 홀로 외로운 싸움이다.
하지만 하나님은 모든 여정에 함께하신다.

✦ 오늘이라는 비전

주님이 내게 주시고 허락하신 것, 내게 맡기신 것은
'오늘'이라는 시간뿐이다.
그래서 주님은 어제의 일을 기억하지 말라고 하신다(사 43:18).
그리고 아직 오지도 않은 내일 일을
염려하지 말라고 하신다(마 6:34).
그저 '지금 이 순간'을 소중히 여기며 오늘이라는 점을
최선을 다해 찍길 원하신다.

순간순간의 '점'들이 모여 '선'이 되고
그 선들의 집합이 '그림'이 되는 것 아닌가.
그 그림을 우리는 '비전'이라 부른다.

하나님이 나를 창조하신 목적,
하나님이 나를 디자인한 태초의 형상,
그게 곧 비전이고 그 형상의 완성본은 예수 그리스도시다.

그 모습을 닮아가며 나를 창조하신 목적을 다 이뤄드리고
천국에 가는 것이 진짜 성공이다!

그렇다면 내가 해야 할 일은
하나님께서 내게 주신 가장 소중한 선물인 '오늘'을
온 마음을 다해, 온 뜻을 다해, 온 힘을 다해 살아내는 것이다.

사랑하는 사람에게 받은 선물을 귀중히 여기는 것은
일종의 사랑 표현이다.

내가 오늘 하루를 보내는 태도를 보면
내가 하나님을 어떻게 대하는지를 알 수 있다.

> 무슨 일을 하든지 마음을 다하여 주께 하듯 하고
> 사람에게 하듯 하지 말라
>
> _골로새서 3:23

내가 무슨 일을 하든 주님께 하듯 하면
그곳에 주님이 임재하신다.
모세가 호렙산에서 주님을 만날 때
"신을 벗으라, 네가 서 있는 곳은 거룩한 땅"이라고
하셨다(행 7:33). 하나님이 계신 그곳이 곧 거룩한 땅이다.

그렇다면 이 시대를 살아가는 내가 해야 할 일은
원수에게 빼앗긴 하나님의 땅을 다시 수복하는 것이다.
그것이 오늘 하루 내가 찍어야 할 '점'이다.

'영향력 끼치는 것'에 집중하지 말고
'주님을 바라보는 것'에 집중해야 한다.
영향력은 유명해지고, 목소리를 크게 내고,
높은 자리에 올라가는 게 아니다.
눈에 보이는 내 삶을 통해
눈에 보이지 않는 주님이 드러나는 것이다.
내가 주님을 바라보고, 주님께 연결되면
영향력은 내 안에 계신 주님이 끼치신다.

✴ 균형, 하나님의 자존심

우리가 모이기에 힘써야 하는 이유는
모임 자체가 아니라 흩어졌을 때 제대로 살아내기 위함이다.

예배의 자리, 영적인 자리에 나아갈 때는
반드시 흩어질 것을 생각하고 모여야 한다.
그 자리에서 하나님의 임재를 경험하고 새 힘을 공급받고
성령충만함을 입어 세상에 나올 생각을 해야 하는 것이다.

별 생각 없이 오라는 곳에 참석하다 보면
시간은 시간대로 들이고 얻는 것은 없어,
시간관리에 어려움을 겪게 된다.
그래 놓고 나중에 하나님과 교회를 원망하는 사람들이 있다.

따라서 우리는 삶의 '균형'을 잡아야 한다.
그렇지 않으면 교회에서의 모습, 세상에서의 모습이

분리되고 만다.

하나님은 우리에게 세상과 구별된 삶을 살라고 하셨지,

세상과 분리된 삶을 살라고 하신 적이 없다.

> 너희는 **세상의 소금**이니 소금이 만일 그 맛을 잃으면
> 무엇으로 짜게 하리요 후에는 아무 쓸데없어 다만 밖에 버려져
> 사람에게 밟힐 뿐이니라 너희는 **세상의 빛**이라 산 위에 있는 동네가
> 숨겨지지 못할 것이요
>
> _마태복음 5:13-14

균형을 잡지 않으면 교회 안에서만 거룩하고

세상에서는 아무 힘없는 나약한 그리스도인이 된다.

거룩은 세상에서 증명하는 것이다.

주님은 세상을 이기셨는데, 주님의 자녀인 우리가

세상에서 진다면 이 얼마나 안타까운 일인가.

무릇 하나님께로부터 난 자마다 세상을 이기느니라

세상을 이기는 승리는 이것이니 우리의 믿음이니라

_요한일서 5:4

이것을 너희에게 이르는 것은 너희로 내 안에서 평안을 누리게 하려

함이라 세상에서는 너희가 환난을 당하나 담대하라 내가 세상을

이기었노라

_요한복음 16:33

말씀이 잘못되었든지 나에게 문제가 있든지

둘 중 하나가 아닌가.

그러나 주님은 잘못이 없으시다.

문제는 언제나 나에게 있다.

주님이 이미 이루어 놓으신 승리를

주님의 자녀인 우리가 누리지 못하고

세상에 밟혀 산다면,

이건 우리 주님의 자존심(?)이 달린 문제일 수도 있으니까!

오늘도 온 맘 다해 달리자!

하나님 아버지와 손잡고 한 걸음 한 걸음 걸어가는

기쁨을 누리자!

하나님은 언제나 한결같으시고
세월이 흘러도 변함이 없으신데,
나는 작은 문제만 만나도 흔들리고
작은 유혹에도 너무 쉽게 넘어진다.
이처럼 부족한 나를 언제나 사랑해주시고
기다려주신 하나님 은혜에
늘 감사하며 살아야지.

주님을 바라보며 살면

내가 남보다 나은 것 같다고 우월감을 갖지 않게 되고

내가 남보다 모자란 것 같다고 열등감을 느끼지 않게 된다.

멀리 내다보는 독수리처럼, 주님의 시선으로 세상을 살면

우월감도 열등감도 의미가 없다.

"다스리라"

"정복하라"

"경작하라"

"복의 근원이 되라"

"가서 제자 삼으라"

이 모든 말씀은 결국 내가 리더고, 지도자고, 사역자라는 의미다.

주님은 나를 내가 속한 영역의 현장 사역자로 파송하셨다.

우리 모두가 사역자이자 리더다.

나를 통해 하나님의 성품이 세상의 각 영역에서 드러나려면
예수님의 지도력을 배워야 한다.
그리스도인이 성경도 읽지 않고 기도도 하지 않으면
실력 없는 하나님의 자녀가 되어 교회가 욕을 먹는다.

살아내지 못하고 말만 앞세우는 말쟁이 그리스도인이 되지 말자.
능력쟁이, 삶쟁이 그리스도인이 되자.
그러기 위해서는 말을 조심해야 한다.
입으로만 떠들지 않고 말씀대로 살아내면 서프라이즈!
믿음으로 선포하고 실제로 이루어지면 드라마!
말만 앞세우고 그렇게 살지 않으면 사기꾼이다.

하나님 아버지와 함께 드라마를 쓰는 인생이 되자.

✳ 주인 체인지

기도에 응답받은 기쁨보다
주께서 나와 함께하심을 확실히 내가 느끼고,
다른 사람들 눈에도 보이는 것이 감사하다.

이를 고백하자 곧 떠오르는 문장이 있다.

CHAN'C'E(찬스)와 CHAN'G'E(체인지),
즉 기회와 변화다.

"인생의 찬스는 주인 체인지다."

인생의 찬스는 Christ, 그리스도시고,
변화의 주인은 GOD, 하나님이시다.

하나님을 만나면 인생이 바뀐다.

주인이 바뀌면 인생이 바뀐다.

하나님은 우리에게 늘 '기회'를 주신다.
그 기회는 곧 '십자가의 은혜'다.
주께서 지혜 주셔서 적은 이 문장이
언젠가 책으로 쓰이는 날이 오지 않을까.

_ 2017. 10. 25. 수요일의 예수동행일기 중

너희 중에 누구든지 지혜가 부족하거든
모든 사람에게 후히 주시고 꾸짖지 아니하시는
하나님께 구하라 그리하면 주시리라
_야고보서 1:5

✦ 하나님 대략난감

하나님! 저도 크게 쓰임 받고 싶어요!

그래, 그럼 내가
너를 도와줄 선생을 붙이고
배울 것들을 알려주마.
좋은 수업이 될 거야.
이 수업을 통과하고 나면
너는 더 성장할 테고
더 견고한 믿음의 사람이 될 거야.

얼마 후…

하나님, 힘들어요.

왜 제게 이런 고난을 허락하셨어요?

저 사랑하는 게 맞아요?

사랑의 하나님이시라면서요.

빨리 이 고난이 지나가게 해주세요.

…

그리스도인이라면
힘듦과 고난 없는 것이 좋은 삶인가에 대해
깊이 생각할 필요가 있다.
모든 것이 잘 되기만을 구하고 있지는 않은가.
그것이 하나님이 원하시는 것일까?
주님은 우리가 편안한 삶이 아닌
평안한 삶을 구하길 원하시고,
인생에 고난이 없는 삶이 아닌
어떤 고난에도 견딜 수 있는 믿음을 구하길 기다리신다.

✳ 고전 중의 고전

오랜 시간에 걸쳐 많은 책을 깊게 읽고,
독서의 고수들이 모인 곳에서 강연도 몇 차례 했다.
강연에서 다룬 수많은 책 중 내 마음을 변화시키고
가슴 뛰게 한 책은 성경만 한 게 없다.

웬만한 자기계발서에 담긴 내용은
성경 안에 다 있었다. 우리가 발견하지 못했을 뿐.
말씀을 읽을수록, 들을수록 새롭고 놀랍다.

하나님이 나를 사랑하신다는 마음으로 읽으니
사랑하는 이를 위한 연애편지로 읽히고,
천하보다 귀한 영혼을 사랑하는 마음으로 읽으니
자녀를 향한 아버지의 편지로 읽히고,
세상을 변화시키는 책으로 바라보자
최고의 리더십 교과서로 보인다.

말씀 읽기와 기도, 전도를 함께하니
하나님의 지혜가 계속 부어진다.

'종일 말씀 안에서 살 수 없을까,
말씀을 더 지키며 살 수 없을까,
꿈에서도 말씀 안에 거할 순 없을까.'

내 마음과 머리가 이런 생각으로 가득 차면서
예수동행일기를 쓰기 시작했다.
선한목자교회 유기성 목사님의 말씀에
도전이 되어 시작한 예수동행일기 내용을 모아
이렇게 책까지 낼 수 있으리라고 생각지 못했다.

이럴 때 더욱 내 생각보다 더 크신 예수님께서
내 삶을 이끌어가시는 손길을 느낀다.

모든 상황 너머에 계신 그 손길을
나는 신뢰하지 않을 수 없다.

✳ 타들어가는 마음, 홍수 같은 눈물

모든 부모는 자녀를 사랑한다.
자기 생명을 버려서라도 자녀를 지키고 싶은 게 부모 마음이다.
인간의 사랑도 그러한데 사랑 그 자체이신
하나님 아버지는 오죽할까?

그런 하나님 아버지가 자신이 가장 사랑하는
독생자 예수님을 십자가에 못 박는 아픔을 감수하고서라도
살리고 싶었던 게 바로 우리다.
육신의 부모에게 자녀가 세상이고 기적이고 꿈이듯
하나님 아버지에게 하나밖에 없는 아들 예수님도 마찬가지였다.

하나님 자신이 죽는 것보다 하나뿐인 '아들 예수님'을
십자가에 못 박는 것이 더 큰 고통이었다.

"엘리 엘리 라마 사박다니. 나의 하나님! 나의 하나님!

어찌하여 나를 버리셨나이까!"

아들 예수의 절규에 등을 돌리고 귀를 막고
갈등했던 하나님 아버지.
'죄 많은 인간들을 살릴까, 내 아들 예수를 살릴까.'
하나님은 결국 죄 많은 인간을 선택하셨다.
예수님이 숨을 거두자 온 땅이 진동하고
지진이 일어나 성전이 갈라진다.
아들을 잃은 하나님 아버지의 피눈물이었던 것이다.
사랑하는 아들의 목숨을 대가로 지불하고서라도
살리려 하신 존재가, 그토록 사랑한 존재가 '우리'였다.

그렇게 어렵게 얻은 우리에게
하나님이 채찍을 드실 때는
그럴 수밖에 없는 아버지의 마음을
헤아려보아야 한다.
우리를 너무 사랑해서
잃고 싶지 않은 그 본심을.
무서운 아버지가 되어서라도
우리를 두 번 다신 잃고 싶지 않은
그 애절함을.

천지창조 이후

아버지께서 가장 많은 눈물을 흘리신 건

노아 홍수 때였다.

하나님과 우리 사이의 언약의 표시로

'무지개'가 떴듯,

아버지와 우리 사이에

늘 그 무지개가 떠 있으면 좋겠다.

그 무지개가 바로 십자가 사랑 아닐까.

✦ 그거 아니?

아들아, 네가 나에게 풍성하게 드리고 싶어하는 마음
내가 이미 받았다. 고맙다 아들아, 그런데 그거 아니?

알아주셔서 감사해요, 아버지! 그런데 뭘요?

네가 나한테 주고 싶은 그 마음보다
내가 내 아들에게 주고 싶은 마음이 훨씬 더 크단다.

자식이 아무리 부모를 사랑하고 효도한다 해도
자식을 향한 부모의 내리사랑에는 결코 미치지 못한다 했나.
잠깐 잊고 있었던 사실을 깨닫게 하셨다.

내가 하나님 아버지께 무언가 드리고 싶은 마음.
효도하고 싶은 마음보다도 하나님 아버지가
자녀인 내게 풍성히 누리게 해주고 싶고
하나라도 더 챙겨주고 싶은 마음이 훨씬 더 크다는 사실을.

✦ 눈물 흘릴 때 행복한 사람

보통의 때 사람들 앞에서는 자신감이 넘치는데
하나님 아버지 앞에만 서면
홀로 기도하러 교회에 가면
성도들 앞에서 하나님의 일을 간증하면
그렇게 눈물이 난다.

주님을 닮아 눈물이 많은 걸까.
바닷물이 짠 이유가 노아 홍수 때 내린 그 많은 비가
아버지의 눈물이었기 때문은 아닐까.

종종 울면서 예수동행일기를 쓴다.
주 앞에 머물러 글 쓰는 이 시간,
이렇게 은밀하게 아버지 앞에 머물 때 참 행복하다.

✳ 날 좀 보소

날 위해 오신 주님을 바라볼 때
좀더 주님과 가까워지기 시작하고
보고 싶던 주님이 같이 사는 주님 되면
소소한 일상마저도 기적이 된다.

그렇다. 내가 먼저 주님을 바라볼 때
내가 주님이 기뻐하시는 선택을 하고
주님이 진정 주인 된 삶을 살게 될 때 내 곁에 있는 사람들은
나를 통해 주님을 발견할 수밖에 없다.
불신자든 그리스도인이든 주님의 관심사는
크고 거창한 것이 아니라 지극히 작은 것
'나'로부터 시작되길 원하셨다.
내 삶의 모습을 통해 예수로 살고 싶은 사람이 많아지면 좋겠다.

✦ 기쁨과 슬픔을 대하는 법

나의 기쁨이 누군가에 기쁨을 주고
나의 슬픔이 누군가에게 걱정이 될 수 있기에
한 마디 한 마디 신중하게 된다.

어쩌다 1명에게 받은 상처로 슬퍼하기보다
나를 생각해주는 99명으로 인해 감사할 줄 알아야지.

99명이 나에게 상처 줄지라도
주님 한 분으로 기뻐하고 자유하는 사람이 되길.

✴ 아직 이루어지지 않은 기도

예수님의 기도 중 유일하게 이뤄지지 않은 기도가 있다.

"아버지와 제가 하나인 것같이
저들도 서로 하나가 되게 해주십시오."

서로 하나 되는 하나님의 꿈을 이뤄 드리는 교회,
그리고 내가 되었으면!

하나님, 제가 너무 부족해서
하나님의 부흥이 더뎌지고 있습니다.
하나님, 제가 너무 부족해서
교회 비전 성취가 더뎌지고 있습니다.

하나님, 아버지의 뜻이 하늘에서 이뤄진 것같이
이 땅에서 저를 통해 아버지의 뜻이 이뤄지게 해주세요.
그런데 저는 지혜가 너무 부족합니다.
저는 하나님 없이 아무것도 할 수 없는 어린아이와 같습니다.
제게 하나님의 지혜를 주세요.
하나님께서 주신 비전을 이루기 위한 훈련을 하면서
동시에 영혼을 달래고 섬기는 일이 힘듭니다.
감당할 수 있는 능력과 지혜를 주세요.

하나님, 제 평생소원은 하나님을 감동시키는 사람으로

사는 것입니다.

하나님께는 영광 돌리고

교회에는 덕을 세우고

세상에는 선한 영향력을 끼치는 사람으로 살고 싶습니다.

하나님께는 하나님을 감동시키는 효자,

목회자에게는 말씀대로 살아낸 간증자로

목회의 열매가 되고

육신의 부모님에게는 면류관이 되는 아들이 되고 싶습니다.

나의 연약함 때문에 하나님 영광 가리지 않기를

나의 교만함 때문에 하나님 영광 가리지 않기를

내 마음의 소원을 아시는 주께 기도합니다.

그의 마음의 소원을 들어 주셨으며

그의 입술의 요구를 거절하지 아니하셨나이다

_시편 21:2

✦ 천 마디보다 한마디

세상의 수많은 눈이 나를 주목하는 것보다
나를 칭찬하는 천 마디 말보다

그분의 눈동자가 나를 주목하고
나를 안으시며 뱉는 한마디 사랑이
더 행복하다.

내 평생 이 사랑을 노래하며 살 수 있다면.
내 평생 이 사랑 안에 머물고 거할 수 있다면.

내가 여호와께 바라는 한 가지 일 그것을 구하리니
곧 내가 내 평생에 여호와의 집에 살면서
여호와의 아름다움을 바라보며
그의 성전에서 사모하는 그것이라

_시편 27:4

✦ 마음껏 구할 것

책을 몇 권 내고 나니 방송과 강연 요청이 많이 들어왔다.
유명한 분들을 만날 기회도 얻고 이야기를 나누면서
배우는 게 많았다.
궁금했다.
요셉도 하나님께서 앞길을 여실 때 이런 기분이었을까?

주님이 이렇게 말씀해주신다.

"사랑하는 아들아, 네가 내게 담대한 마음과 용기를 달라고
기도하면 내가 어느 날 갑자기 '뿅' 하고 네게 용기를 줄까?
아니면 네게 용기를 발휘할 수 있는 기회를 줄까?

네가 내게 지혜를 달라고 기도하면
갑자기 모든 문제에 대한 해답이 떠오르게 할까?
아니면 네가 배움을 얻을 수 있는 문제나 사람을 보내줄까?

많은 사람이 내게 요셉처럼 크게 쓰임 받고 싶다고
기도를 한단다.
그러면 내가 그를 갑자기 총리로 세울까?
아니면 지극히 작은 일부터 맡겨보고
그 일을 해낼 수 있는 기회를 줄까?

나는 다윗에게 물맷돌을 던질 수 있는 기회를 줬고
요셉에게는 보디발, 간수장 그리고 바로를 만날 수 있는
기회를 줬단다.

단, 준비된 만큼의 기회를 줬지.
준비된 만큼만 쓸 수 있으니까.

나는 너에게 지혜가 부족하거든 꾸짖지 않고
후히 주는 나에게 기도하라고 했지.
그 지혜가 바로 기회란다.
기회는 너희가 내게 기도할 때 주는 선물이란다."

하나님이 사랑하는 자녀에게 마음껏 구하라고 한 것은
바로 '지혜'였다. 그리고 하나님이 즐겨 베푸시는 것은 용서다.
용서하시고 허물을 기억하지 않으시며, 다시 '기회'를 주신다.
지혜는 기회였고, 기회는 지혜였다.

✷ 그곳으로 가자

하나님이 정말 내게 원하시는 일이 뭘까.
내가 어디에 있을 때 하나님이 기뻐하실까.
내가 어디에 있을 때 하나님의 은혜와 역사가 일어날까.
내가 어디에 있을 때 나에게도 기쁨과 행복이 있을까.
밤을 새워도, 돈이 안 되도, 누가 시키지 않아도
기쁘게 행하는 일은 무엇일까.

나의 이런 고민에 답은 정해져 있다.

나의 행복을 나보다 더 바라시는 주님.
나의 기쁨을 나보다 더 원하시는 주님.

하나님만 좋아하고 나는 억지로 하는
괴로운 곳이 아닌,
내가 좋아하는 게 하나님의 뜻이라

착각하는 게 아닌,

하나님이 나를 필요로 하는 동시에

내게도 기쁨이 있는 곳.

그곳으로 가자.

네 마음의 소원대로 허락하시고

네 모든 계획을 이루어 주시기를 원하노라

_시편 20:4

✦ 비전의 추월차선

어린이 수련회에서 서기로 섬길 때 일이다.

아이들 대부분이 부모님에게 등떠밀려 온 것이라 그런지

보람도 없고 힘들기만 했다.

없는 시간을 쪼개어 섬기고 돌아오는 길.

길을 잘못 드는 바람에 평소보다 1시간을 더 운전해야 했다.

그 1시간 동안 내내 주님과 대화했다.

그리고 결국 두 손을 들고 고백했다.

"하나님, 제가 졌습니다.

하나님만이 나의 주인 되십니다.

하나님만이 나의 길을 아십니다.

내가 보기에 지금은 돌아가는 것 같아도

사실은 그 길이 하나님 보시기에 가장 빠른 길이고

내가 보기에 빨리 가는 것 같아도

오히려 그 길이 가장 위험하고 돌아가는 길이라는 걸

깨닫습니다.

하나님의 말씀이 나의 길이 됩니다.
하나님의 뜻이 있는 곳에 길이 있음을 믿습니다."

내가 빨리 꺾을수록, 내가 빨리 죽을수록
내가 빨리 힘 뺄수록, 내가 빨리 돌이킬수록
더 빨리 돌파한다. 더 빨리 쓰임 받는다.
더 빨리 높이신다. 더 빨리 이루게 하신다.
비전의 추월차선을 타자.

예수께서 이르시되 내가 곧 길이요 진리요 생명이니
나로 말미암지 않고는 아버지께로 올 자가 없느니라
_요한복음 14:6

✳ 부족과 완전

주님, 저는 부족합니다. 주님, 저는 너무 부족합니다.
주님, 저는 어린아이와 같아서 지혜도 없고 능력도 없습니다.
하나님 없이 나는 홀로 아무것도 할 수 없습니다.
나는 부족합니다. 나는 부족합니다. 나는 부족합니다…

그러자 주께서 말씀하신다.

그래, 나는 완전하잖아.

내가 "나는 부족합니다"라고 고백하면,
주님은 "주는 완전합니다"라고 들으신다.

✦ 모인 교회, 흩어진 교회

2020년 초, 코로나19로 거리가 한산했다.
가게에 손님이 줄어 고민이 되었다.
그러나 어려움과 문제만 보고 고개 숙이고 있을 순 없어
주님께 물었다.
"주님, 이 위기를 어떻게 기회로 바꿀 수 있을까요?
모두가 어렵다고 반응할 때
도리어 주님께 감사할 게 무얼까요?
주님, 이 문제를 통해 무엇을 배우기 원하시나요?"

그때 문자가 울린다.
모든 예배를 영상예배로 전환한다는 메시지다.

'모이는 교회'에만 너무 익숙해진 오늘날 그리스도인.
우리 삶에 어떤 일이 일어나든 그것이 주님의 주권 아래
일어나는 일이라면, 그것을 통해 주님이 우리에게

가르치고자 하시는 게 있는 것 아닐까.
그렇다면 이 상황은, 주님이 '흩어진 교회'를
가르치시려는 것이 아닐까.

코로나19 이전에는 나도, 흩어지기 위해 모이는 것임을 잊고
모임을 위한 모임을 계속 늘리기도 했다.
누군가는 모이지 못하는 것으로 눈물지을 테지만
초대 예루살렘 교회를 흩으신 주님이 기억났다.

흩어졌기에 유럽이 복음화되고 하나님 나라가 확장됐다.
오히려 이를 통해 하나님께서
'교회에서 모여 공예배 열심히 드리는 게 복이다'와 같은
차원을 넘어서는 메시지를 주시려는 건 아닐까.

주께서 흩으셨으니
이 가운데 내가 해야 할 일이
무엇일지를 주께 기도했다.

'주님, 지금 이 상황 가운데 제가 어떠한 액션을
취하는 것이 하나님 나라에 유익이 될까요?
어떻게 살아야 세상의 소금과 빛 된 삶이 될까요?'

✱ 하나님의 꿈

하나님의 꿈은 '나가세'이다!

나로부터 비롯되는 변화를 통해(행 16:31)
가정과 '가까운 이웃'이 변화되고(딤전 5:8)
세상으로 선한 영향력이 흘러가는 것(행 1:8).

✦ 위기와 재앙

인생의 위기를 앞에 두고 하나님을 원망하고 낙심하기보다는
위기조차도 하나님의 주권 아래 있고,
하나님이 허락하지 않으면 어떤 일도 일어나지 않음을 믿고,
도리어 그 상황 속에서 내가 어떻게 반응하는지를 지켜보고 계실
언제나 선하신 하나님을 믿자.

위를 바라보면
기적이 임한다.

재앙 속에서도 주님은 주를
앙망하는 자를 찾으신다.

✦ 최고의 자랑

어떤 분과 인터뷰를 했다.
마음속에 품은 프로젝트에 대한 지혜를 구하더니
이내 칭찬이 쏟아진다.
어떤 질문과 칭찬에도 나의 대답은 한결같았다.

어디에서 아이디어를 얻느냐는 질문에,
　하나님께서 지혜를 주셨습니다.
　영혼을 사랑하면 필요가 보입니다.

원래 창의성이 뛰어났느냐는 질문에,
　하나님께서 이런 훈련을 시키셨습니다.

젊은 나이에 많은 걸 이루었다는 칭찬에,
　하나님께서 사명자로 써주셨기 때문입니다.

좋은 일을 많이 한다는 칭찬에,

　　하나님께서 할 수 있는 힘을 주셨습니다.

본인도 힘든 상황에서 이런 일들을 했느냐는 말에,

　　전대진은 약해서 안 되지만,

　　하나님은 강하셔서 가능하게 하십니다.

　　저는 제 약함을 자랑합니다.

어려운 상황에서 기회를 발견하고

그런 마음을 품을 수 있는지, 진짜 대단하다는 말에,

　　제가 아니라 하나님이 대단하신 겁니다.

　　저는 그저 그분이 주신 마음에 순종할 뿐입니다.

　　하나님께서 소망과 소원을 주시기 때문입니다.

라고 답하니 마지막으로 이런 고백이 돌아온다.

하나님께 모든 걸 다 돌리시는 모습이 정말 존경스러워요.

진짜로 하나님이 쓰시는 게 맞네요.

　　그게 비결입니다. 내가 하나님을 자랑하면,

　　하나님이 나를 자랑하십니다.

　　부모 마음은 다 똑같죠. 내 자식 자랑하고 싶은 마음.

하나님 자랑하세요, 하나님이 온 세상 만방에
나를 자랑하실 겁니다.

최고의 자랑은 내 약함 자랑,
최고의 자랑은 하나님 자랑.

바로가 요셉에게 이르되 내가 한 꿈을 꾸었으나
그것을 해석하는 자가 없더니 들은즉 너는 꿈을 들으면
능히 푼다 하더라 **요셉**이 바로에게 대답하여 이르되
내가 아니라 하나님께서 바로에게 편안한 대답을 하시리이다
_창세기 41:15-16

✦ 코로나19 덕분에

하나님은 전 세계에 똑같은 문제를 안겨주셨다.
코로나19로 인해 대다수가 불안해하고 있지만
누군가는 이 와중에도 앞을 보며 달리고 있다.
누군가에게는 코로나19가 '문제'로 보여도
누군가에게는 코로니19가 '기회'로 보인다.

코로나19 덕분에
이전에는 당연하다 여겼던 것들이 당연한 게 아니라는 것.
당연한 건 아무것도 없다는 것을 배웠다.

코로나19 덕분에
하나님께서 주신 최고의 선물은
'일상'이라는 이름의 기적이라는 걸 배웠다.

코로나19 덕분에
바빠서 함께 시간을 보내지 못했던 가족과
함께할 시간을 더 가질 수 있었다.

코로나19 덕분에
주변의 어려운 이들을 돌아보고 나눌 수 있었다.

코로나19 덕분에
분주해서 주님을 놓칠 때가 많았는데
주님을 더 깊이 더 많이 생각할 수 있었다.

코로나19 덕분에
바빠서 하지 못하고 늘 미뤄왔던 일들을 돌아보고,
다시 점검하고 리빌딩(rebuilding)할 수 있었다.

코로나19 덕분에
사랑하는 믿음의 형제자매와 매주 모여 예배드렸던 것이
당연한 것이 아니라 은혜였다는 걸 배울 수 있었다.

코로나19 덕분에
내가 서 있는 삶의 현장이 곧 교회이고 선교지란 걸,
교회의 존재 이유와 본질을 더 잘 알 수 있었다.

코로나19 덕분에
부르짖는 기도의 소중함을,
마음껏 찬양할 수 있는 공간의 소중함을 배웠다.

돌이켜보면
결국 모든 것이 은혜였고
감사만이 남았다.

영향력은 세상에서 높은 사람이 되고, 돈을 많이 벌고,
유명해지는 것이 아니다.
한 영혼을 향한 하나님의 사랑이 나의 삶을 통해
사람들에게 드러나는 것, 그것이 영향력이다.
영향력은 영혼을 향한 사랑의 능력이다.

하나님을 더 사랑하고
영혼들을 더 사랑하면
영향력을 더 키우신다.
하나님의 나라를 위해….

✴ 고난을 위한 고난은 없다

주님의 고난을 묵상하는데 이런 감동을 주셨다.
고난을 위한 고난은 없다는 것.

공부를 위해 공부하는 것이 아니라
필요에 의해 공부하는 것이다.
운동을 위해 운동하는 것이 아니라
건강을 위해 운동하는 것이다.
위로받기 위해 일부러 다치는 사람은 없다.
잘 살아보려고 애썼지만 잘 되지 않는 사람에게 위로가 필요하다.
건강한 사람에게는 의사가 필요 없다.

그렇듯 고난을 위한 고난은 없다.
예수님이 기쁨으로 십자가를 지신 것은
부활의 영광과 영혼 구원이란 목적 때문이었다.

예수님이 고난 받으신 이유는

하나님과 사람 사이를 막고 있는 죄의 문제를

해결하기 위해서였다.

인간을 대신해 죄 문제를 해결하기 위해 고난이 필요했다.

결국 고난의 목적은 사랑의 회복이다.

결국 고난은 영혼 구원의 다름 아니다.

묵상은 원점으로, 변함없는 기도제목으로 돌아왔다.

하나님의 선하심을 자랑하고

대한민국을 위로하며 소망을 전하는 사람이 되게 해달라고.

전 세계를 다니며 하나님을 자랑하고

영혼을 살리는 사람으로 세워달라고.

고난을 묵상하면서 열정이 샘솟는다.

주님의 고난을 묵상하라는 것이

침울하고 슬프게 살라는 뜻은 아니니까.

나는 오늘도 주님이 받은 고난의 목적을 떠올리며

전 세계에 주님을 자랑하는 내가 되기를 기도한다.

하나님께 기쁨이 되고, 영혼들을 기쁘게 하며,

내게도 기쁨이 넘치는 삶.

3박자 기쁨을 누리는 삶을 살자.

한 걸음 한 걸음 주 예수와 함께.

✦ 위기 묵상

운전해서 이동하다 보면 사방이 위기다.
고개를 들면 '사망자, 부상자 수'가 적힌 현황판이 보인다.
우리는 수많은 위기 속에 이 세상을 살아간다.

하나님께서 지기지 않으시면 언제라도 숨이 멎을 수 있다.
따라서 숨 쉬는 모든 순간이 은혜다.

주님을 생각하자 '위기'에 대한 정의가 달라진다.
하나님 기준에서 위기란
위에서 내려다보면
기회로 보이는 상황이다.

사람 기준에서 위기란
위에 계신 주님을 보면
기적의 재료가 되는 것이다.

온 땅을 덮은 흉년이 요셉에게는
민족을 구하고 하나님을 나타낼 기회였다.

골리앗이 이스라엘을 조롱한 것이
다윗에게는 민족을 구하고 하나님을 나타낼 기회였다.

눈앞에는 홍해가, 뒤에는 애굽의 철병거가 쫓아올 때가
모세에게는 하나님을 나타내고 경험할 기회였다.

위기 속에서 믿음의 사람들은
문제와 위기 너머에 계신 하나님을 바라봤다.

코로나19 또한 수많은 위기 중 하나일 뿐이다.
전 세계가 예배를 드리지 못하는,
한 번도 해보지 못한 경험을 했다.

주께서 한 번도 행하지 않으셨던
새 일을 행하실 거라는 신호가 아닐까.

모두가 어렵다 하는 것이 지극히 당연한 반응이라 여겨질 때,
바로 그때가 감사할 순간이고 믿음을 보여야 할 순간이고 기회다.

위기로 인해 하나님이 찾으시는 충성된 사람이 되자고
다시 한 번 다짐한다.

　내 눈이 이 땅의 충성된 자를 살펴 나와 함께 살게 하리니
　완전한 길에 행하는 자가 나를 따르리로다
　_시편 101:6

✶ 주님의 빛

주님은 우리에게
생각을 지키라고 하셨다.
죄를 다스리라고 하셨다.

부정적인 생각을 지우려 애쓰기보다
주님을 더 많이, 더 자주 생각하자.
'죄를 짓지 않기 위해서'가 아니라
'어떻게 하면 주님을 기쁘시게 할 수 있을까'에 집중하자.

주님의 빛이 내 안에 있으면
어둠은 힘을 쓰지 못하니까.

✦ 우리의 쓰임

'크게 쓰임받는다'는 건 세상에서
좋은 직업을 갖는 것 혹은 높은 지위에 올라가는 걸
의미하지 않는다.

하나님이 필요로 하신 곳에 내 발걸음이 향하고,
그곳에 내가 서 있는 것.
그 자리에서 하나님 말씀과 하나님 성품 대로 사는 거다.

내 삶을 통해 예수님의 그림자가 드러나는 게
크게 쓰임받는 거다.

✳ 깨져야 한다

의욕만 갖고 전쟁을 치를 수 없듯
열정만 갖고 비전을 이룰 수 없다.
주님 앞에 깨져야 하고, 사람에게 깨지고,
스스로 계속 깨져야 한다.
내 생각을 깨뜨리고 순종할 때
나를 향한 주님의 뜻을 이룰 수 있다.

✦   하나님이 보시는 것

히스기야가 죽을병에 걸려 하나님 앞에 통곡하며 기도했다.
그는 기도할 때, 자기가 그동안 하나님을 위해 수없이 행했던
선한 일들을 기억해달라고 했다.
하나님은 이렇게 말씀하셨다.

"내가 네 기도를 들었고 네 눈물을 보았다"(왕하 20:5)

하나님의 구원 조건은 그랬다.
하나님은 나의 '업적'과 '공로'가 아닌
나의 '눈물'과 '기도'를 보고 들으신다.

하나님,
주님 앞에서 나의 눈물이 마르지 않길
주님 앞에서 나의 기도가 멈추지 않길 원합니다.

1장 하나님 찾기를 멈추지 않고

2장

나와 이웃의 만남을
꾸준히 만들며

3장 님의 말씀을 살아내다

✦ 한 글자, 한 인생, 한 세상

네임스토리 주문이 많이 들어온다.

그중 어느 뜨겁던 여름, 해외에서 들어온 주문이 종종 생각난다.

돌아가신 엄마 산소에 비석 대신 네임스토리를 세워두고 싶다고.

암투병으로 시한부 인생을 살고 있는 분들이 마지막이라는

마음으로 주문하기도 한다.

남겨진 가족이 자기를 그리워하면서 힘들어하기보다

행복하게 잘 살기를 바라는 마음을 전하고 싶어서다.

어느 분은 자살시도 후 병원에서 치료를 받다

네임스토리를 보면서 매일 아침 긍정적인 생각을 하며

자존감을 회복하고 있다고도 한다.

어느 날은 장애인센터를 섬기는 분이

내 글을 사용하고 싶다고 연락해 오기도 한다.

내 글로 누군가를 살릴 수 있다는 생각,
생을 포기했던 이에게 다시 일어설 희망을
줄 수도 있다는 생각을 하니
한 글자 한 글자 더 묵직하게 느껴진다.

그 한 사람이 누군가에게는 온 세상보다 귀한
아들, 딸, 부모, 형제자매, 친구일 수도 있으니
한 인생을 살리는 건 그 사람뿐 아니라
그 곁에 있는 수많은 이를 살리는 일이 된다.

아, 그래서 "하나님이 '세상'을 이처럼 사랑하사…"라고 하셨구나.
하나님 아버지께 우리는 '세상'이고 '전부'이니까.
주께서 한 사람을 살리는 건 한 세상을 구하는 것과
같다는 걸 알게 하신다.

✦ 운명을 바꾼 기도

많은 사람이 나에게 하는 질문이 있다.

"작가님은 어떻게 기도하세요?"

아래 기도문은 청소년 시절 예수님을 처음 영접했을 때부터
오늘까지 매일 하는 기도다.

하나님의 영광을 위해 제게 복에 복을 더해주십시오.
하나님의 뜻이 이뤄지는 일에 나를 통로로 써주십시오.
하나님의 뜻이 나를 통해 이뤄지게 해주십시오.
그래서 주께서 내 삶 가운데 행하신 일들을
온 세계 열방 가운데 자랑하게 해주십시오.
하나님의 선하심을 자랑하는 인생이 되게 해주십시오.

중학생 때 억지로 끌려간 교회학교 여름 수련회에서 드린
인생 첫 번째 기도가 "하나님, 계신지 안 계신지 솔직히 아직 잘
모르지만 계신 줄 믿고 기도할게요. 어차피 신앙생활 할 거라면

'아멘'만 하는 사람이 아니라

하나님을 자랑하는 사람이 되게 해주세요"였다.

그런데 존경하는 목사님과 대화하던 중

습관처럼 했던 이 기도 안에 놀라운 비밀이

숨어 있었다는 사실을 알게 되었다.

내가 주님을 잘 알지도 못하던 시절부터 하던 기도가

바로 야베스의 기도였다는 것이다.

누구를 통해서든 이루어질 하나님의 뜻이

이왕이면 나를 통해서 이루어지게 해달라는 기도.

전능하신 하나님은 우리에게 복 주기를 원하시고

지금도 그 사람을 찾고 계시는데,

나의 기도가 그 복을 흘려보내는 축복의 통로로

나를 써달라는 기도였다는 거다.

야베스의 기도를 보면 하나님께서 야베스가 구하는 것들을

'허락하셨다'고 분명히 나온다.

나 혼자 잘 먹고 잘 살려고 하나님께 복을 구하는 게 아니다.

"먼저 그의 나라와 그의 의를 구하라"는 말씀은

나의 필요를 구하는 수준을 넘어

하나님의 뜻이 이루어지는 일에

나의 관심을 집중하라는 뜻이다.

우리는 축복의 통로다.
하나님은 그분의 뜻을 우리를 통해 이루실 것이다.
누구를 통해서든 이루실 것이다.
그렇다면, 이왕이면 그 통로로
내가 그리고 이 책을 읽는 독자들이 존귀하게 쓰임받으면 좋겠다.

> 야베스는 그의 형제보다 귀중한 자라 그의 어머니가 이름하여 이르되
> 야베스라 하였으니 이는 내가 수고로이 낳았다 함이었더라
> 야베스가 이스라엘 하나님께 아뢰어 이르되
> 주께서 내게 복을 주시려거든 나의 지역을 넓히시고
> 주의 손으로 나를 도우사 나로 환난을 벗어나
> 내게 근심이 없게 하옵소서 하였더니
> **하나님이 그가 구하는 것을 허락하셨더라**
> _역대상 4:9-10

✶　하나님의 타이밍

어떤 일이 내가 계획한 시간에 이루어지기를 기도하곤 했다.

그리고 내가 원하는 대로 일이 풀리지 않으면

낙심하기도 했다.

하지만 하나님의 생각은 나보다

훨씬 더 크고, 더 넓고, 더 깊다.

하나님의 타이밍과 나의 타이밍이 다를 때가 있다.

하나님의 타이밍을 기다리자.

그러면 주께서 일하실 것이다.

여호와께서 내게 대답하여 이르시되 너는 이 묵시를 기록하여
판에 명백히 새기되 달려가면서도 읽을 수 있게 하라
이 묵시는 정한 때가 있나니 그 종말이 속히 이르겠고
결코 거짓되지 아니하리라 비록 더딜지라도 기다리라
지체되지 않고 반드시 응하리라

_하박국 2:2-3

✦ 이름을 불러준다는 것

사촌여동생이 아이를 낳고 처음으로 매제와 함께 찾아왔다.
동생에게 '아이가 아닌 너 자신을 위해 쓰라'는 말과 함께
용돈도 주고, 진짜 가족이 된 매제와도
많은 이야기를 나누었다.
그리고 한 가지 부탁을 했다.

"나중에 조카가 더 크고 세월이 흘렀을 때도
동생을 누구 엄마라고 부르지 말고
꼭 이름으로 불러주세요.
많은 엄마들이 누군가의 엄마로 불리다 보니
부모님이 지어주신 이름 석자를 잊고 살 때가
많다더라고요. 그러다 보면 자기 자신을 잊게 된대요.
그러니 매제는 내 동생이 자기를 잃지 않도록 도와주세요."

주님은 나를 기억하신다.

그분의 심장에 내 이름을 새겨놓으실 만큼,

나를 사랑하신다.

주님의 사랑은 끝이 없고,

한계도 없고, 가늠할 수도 없다.

내가 상상하는 그 이상으로 그분은 나를 사랑하신다.

그 사랑 안에 거하는 사람은 행복한 사람이다.

그 은혜 안에서 사는 삶은 선물이고 축복이다.

✦ 빛의 대화

한 청년에게 복음을 전했다.

그 복음이 청년의 마음속에 깊이 뿌리내리기 원해서

종종 집으로 데려와 밥도 먹이고 많은 시간을 함께 보냈다.

그런데 아버지는 그 청년이 우리 집에 오는 걸

썩 좋아하지 않으셨다.

당시 믿음이 없던 아버지는 내가 그 청년에게 베푸는 것을

이해하지 못하셨다.

믿는 어머니마저 아버지 의견에 동조하셨다.

어떻게 말씀드려야 할지 막막해 그저 "예수님…"을 두 번 불렀다.

예수님께서는 이런 말씀을 하게 하셨다.

"어머니, 예수님께서는 의인이 아니라 죄인을 부르러 왔다고

하셨어요. 예수님은 세리와 창녀, 가난하고 병든 자들에게는

하나님의 아들 딸, 천국 백성이라고 하셨지만

믿음 좋은 척하는 바리새인과 서기관들에게는 독사의

자식들이라고 호통치셨어요.

그 친구는 영적 심적 육적으로 아픈 환자예요.

저도 사람인데 처음 그 아이를 보고

어머니나 아버지처럼 부정적인 생각이 왜 안 들었겠어요?

하나님께 저한테는 왜 이런 사람들만

골라서 보내시는지 묻는 날들도 있었어요.

하지만 제 안에 계신 주님이 어느 날 이런 생각을 하게 하셨어요.

나도 어머니도 하나님 앞에서 떼쓰고 말 안 듣고

교회 안 나가던 때가 있었는데, 우리가 믿음이 연약할 때

우리를 위해 기도하고 헌신한 분들이 있었기에

지금의 저와 어머니가 있는 것이라는 생각이요.

더구나 하나님께서 우리가 부족함에도 참아주셔서

지금 우리가 이만큼 믿음 생활을 할 수 있는 건데

만약 하나님이 지금 어머니가 품고 있는 그 생각으로

우리를 바라보셨다면 아마도 지금 저는

이 세상에 없을 거 같습니다."

어머니는 맞다고 하셨지만

그래도 사람인지라 불편하고 나쁜 생각이 드는 건

어쩔 수 없다고 하셨다.

그러자 주님께서 다윗과 요셉 이야기를 떠올려주셨다.

"그렇게 생각하시는 것 이해합니다.

그 아이를 긍휼히 여기거나 사랑해달라는

무리한 요구는 하지 않을게요.

대신 이렇게 생각해주시면 좋겠어요.

그 아이는 하나님이 제게 보낸 교수님이고 선생님이라고요.

하나님이 그 아이를 통해 제게 가르치고자 하시는 게

분명 있기 때문에 보내셨을 거라 믿습니다.

어머니는 누구보다 저를 잘 아시잖아요.

군 생활 중 고문관이나 관심사병이 저에게 왔을 때,

처음엔 그들을 저에게 보낸 분이

중대장이나 행정관일 거라고 생각했는데

아니더라고요.

결과적으로 하나님이 저를 훈련시키고 가르쳐서

지금의 저를 만드시려고 보내신 거였죠."

그러자 어머니의 입가에 미소가 조금 번졌다.

그때, 성령님께서 잠언의 말씀을 생각나게 하시고
어머니께 감사를 표현하기 원하셨다.

"군 생활할 때 지에게 왔던 관심사병도 이 청년도
하나님이 제게 보낸 선생님이었지만
그중에서도 최고의 선생님은 바로 어머니셨어요.
지금의 제가 있는 건 다 하나님이 어머니 아들로 태어나게
해주셔서 가능했던 거라 믿습니다. 어머니 아들이 아니었다면
저는 지금 무의미하고 지루한 나날을 보냈을 거예요.
지금까지 저를 키우느라 고생 많으셨어요. 감사합니다."

눈시울이 붉어진 어머니는
말없이 눈물을 글썽이며 부엌으로 가셨다.
이전 같았으면 언성이 높아지고 감정이 상했을 수도 있는 일을
내 안에 계신 예수님께서 말씀으로 지혜롭게 풀게끔 하셨다.
내 안에 계신 주님이 주장하시도록 하니,
평범한 일상이 이렇게 아름다운 스토리가 되었다.

어제의 상처는

가슴 뛰는 사명이 되고,

어제의 아픔은 누군가의 아픔을 이해하는

치유의 도구가 되고,

어제 흘린 눈물은 하나님의 사랑을 노래하는

기쁨의 찬송이 되고,

어제의 고난은 하나님의 선하심과 신실하심을

온 세상에 자랑하는 간증 재료가 될 것이다.

하나님은 반드시 이루신다.

✷　지혜를 구하게 하시려고

하나님은 종종 나에게 대하기 어려운 사람을 보내신다.
어딘가 치료가 필요한 사람, 즉 환난당한 자, 빚진 자,
원통한 자를 자꾸 만나게 하신다.

그럴 때면 '의사에게 보내야 하는 사람을
나에게 보내시는 거 아닌가' 하는 생각이 든다.
그런 나에게 한 전도사님이 이렇게 말씀하셨다.
"네 안에 있는 예수님으로 치료해줘."
이 한마디에 나의 고백은 이내 감사로 바뀐다.

"아버지, 감사합니다. 지난번보다 더 큰 문제를 안고 있는 이를
저에게 보내주셔서 감사합니다.
다윗의 제왕 수업을 듣게 하시니 감사합니다."

하나님이 나를 너무 사랑하시고

신뢰하신다는 것이 느껴져 감사하면서도
내가 무엇을 하면 되는지 잘 몰라 막막하기도 하다.
하나님은 말씀하신다.
지혜가 부족하거든 아버지께 구하라고(약 1:5).

하나님께서 나에게
주님의 지혜를 주고 싶어하신다는 마음이 든다.
곧바로 나는 하나님이 심화 문제를 내셨으니
직접 과외를 해달라고 요청한다.
그분의 대답은 언제나 든든하다.

"아들아, 나는 너에게 지혜 줄 준비가 됐다."

✦ 한결같은 아들이고 싶은 마음

광주 극동방송에서 불러주셔서
이른 아침 집을 나섰다.
방송국으로 가기 전 교회에 들러 기도하고
이동하는 차 안에서 사진첩을 훑어보다
예전에 차비를 벌기 위해 일할 때 쓰던 목장갑 사진을 발견했다.
아무것도 아닌 나를 사랑하셔서 하나님을 자랑할 수 있는 자리에
세워주신 은혜가 얼마나 감사한지.
긴 녹화를 마치고 피디님이 터미널까지 데려다주시고
차표까지 끊어주셨다.

피디님 덕분에 광주에서 대구로 오는 차비가 들지 않았으니
그 돈을 가치 있게 쓰고 싶었다.
대구로 돌아와 매주 화요일에 있는
노숙인 구제사역에 참여하러 가는 길.
추운 겨울 동대구역에 모일 30명의 노숙인을 위해

양말을 구입했다.

그들을 섬기고 함께 예배드리는 마음이

얼마나 기쁘던지.

내가 사람들 눈에 빛나는 위치에 있든

사람들이 보지 않는 위치에 있든

상황과 장소에 관계없이 늘 하나님 아버지와 동행하며

변치 않는 그분의 사랑을 느끼니

나도 하나님께 한결같은 아들이고 싶은 마음이 마구 솟구친다.

✦ 하나님이 포기하지 못하시는 것

내가 바라는 내 모습이 아닌,
하나님의 눈으로 나 자신의 모습을 바라보자.
하나님은 나의 지금 모습으로만 나를 판단하지 않으신다.
하나님은 나의 장점을 귀히 여기신다.
왜냐하면 하나님께서 나를 지으시고 모든 걸 주셨기 때문이다.
나의 약점마저도 하나님은 귀하게 여기시고 도리어
하나님의 은혜를 담는 그릇으로 사용하신다.

우리가 꿈꾸고 목표한 바를 이루기 위해서는
반드시 대가를 지불해야 한다. 그건 하나님이 만드신 섭리이고,
주께서 세상을 운용하시는 원리인 '심고 거둠'의 법칙이기에
하나님도 예외가 아니셨다.

하나님께도 간절한 꿈이 있었다.
나와 영원히 사랑하는 꿈. 그것이 하나님 아버지에게

가장 크고 원대한 꿈이었다.

우리에게 늘 가장 좋은 걸 주고 싶은 마음에 에덴동산을 주셨지만
우리의 죄로 인해 하나님의 꿈은 산산조각이 났다.

하나님은 피눈물을 흘리면서도 그 산산조각 난 꿈 조각을
줍기 시작하셨을 것이다.

그 조각이 바로 우리다.

하나님은 잃어버린 그 꿈을 이루기 위해 커다란 대가를
지불해야만 하셨다. '예수 그리스도의 피'가 그것이다.

하나님께서 예수님의 핏값을 지불해서라도
살리고 싶었던 존재가 바로 나와 당신이다.

그러니 우리가 곧 '하나님의 꿈'이다.

하나님께서 이미 귀하다고 느낌표를 찍은 우리의 가치를
스스로 비하하거나, 하찮다며 물음표를 찍지 말기 바란다.

자신을 폄하하는 건 절대 겸손이 아니다.

하나님의 눈으로 나와 내 주위의 사람을 바라보자.

우리는 서로를 바라보며 눈에 보이지 않는 하나님을 볼 수 있다.

하나님의 시선으로 서로를 바라보자.

당신은
눈에 보이지 않는 하나님의 눈에 보이는 영광이다.

하나님, 하나님도 꿈이 있나요?
하나님은 마음대로 모든 걸 하실 수 있으니까
그런 거 없으시죠?

아니, 나도 큰 꿈이 있고, 못하는 것도 하나 있어.

헐… 그게 뭐예요?

내 사랑아, 네가 바로 내 꿈이야.
그리고 못하는 건 너를 포기하는 거야.

✦ 가장 중요한 실력

실수가 결과가 되면 실패가 되고,
실수가 과정이 되면 실력이 된다.
누구나 살다 보면 실수할 수 있다.
많이, 자주, 계속 반복해서 할 수도 있다.
하지만 하나씩 하나씩 내가 의식하지 못하는 와중에도
주님은 나를 다듬고 계신다.
진짜 실력은 열매를 맺는 게 아니라
나무되신 주님께 붙어있는 것이다.

나는 포도나무요 너희는 가지라
그가 내 안에, 내가 그 안에 거하면
사람이 열매를 많이 맺나니 나를 떠나서는
너희가 아무것도 할 수 없음이라

_요한복음 15:5

✦ 완벽주의 버리기

하나님이 허락하신 한 번뿐인 인생에서
너무 많이 망설이지 말기를.
일단 해보고 아니면 그때 그만 둬도
늦지 않다는 말을 해주고 싶다.
당신이 할까 말까 고민하며 계속 미루고 있는
그 일이 무엇이든, 그것이 누군가에게 상처를 주거나
덕을 세우지 못하는 일이거나 하나님 말씀과 성품에
어긋나는 일이 아니라면 마음껏 시도해도 좋다.

하나님이 나에게 주신 씨앗, 즉 강점을 찾아보자.
그 달란트를 가만히 묵혀두지 말고 써보자.
씨앗은 하나님이 주시지만
그 씨앗을 배가시키는 건 우리의 몫이다.
씨앗을 묵혀둔 자를 주님은 '악하고 게으른 종'이라 책망하셨고
배가시킨 자는 '착하고 충성된 종'이라고 칭찬하셨다.

내가 하나님이 주신 나의 강점을 더 훈련해서 강화시키고
그 일에 능숙해질수록 그 일을 통해
세상에 영향력을 발휘할 수 있게 될 것이다(잠 22:2 9).

강점이 뭔지 알려면 뭐라도 해봐야 한다.
맛집이 어디인지를 알려고 해도 검색을 해봐야 하고
검색 결과가 진짜인지 아닌지 알려면
직접 가서 먹어봐야 한다.
나를 향한 하나님의 계획과
나만의 강점을 찾는 일을 두고 예배당에 앉아서
기도만 하고 있지는 않는지 돌아보자.

하나님께 지도를 요구하지 말고
용기를 발휘할 기회를 달라고 하자.
'정답이랑 도착지 딱 알려주시면 그거 할게요'가 아니라
'어딜 가든 주께서 나와 함께하신다'(시 23:4, 수 1:9)는 걸
믿고 나아가자.

만약 내가 하려는 그 일을 하나님께서 그만두길 원하신다면
내 안에 이미 와계신 성령 하나님께서 그만두도록 하실 것이고,
만약 내가 잠시 곁길로 새서 방향이 틀어진다면
올바른 방향으로 다시 조율해주실 것이고,

만약 어떻게 해야 하는지 방법을 모른다면
도와줄 동역자를 붙여주시든 필요한 책을 보게 하시든
어떤 경로를 통해서든 내가 알아들을 수 있는 방법으로
역사하실 것이다.

만약 그 일을 하는 데 있어서 내 힘이 부족하다면
새 힘을 주실 것이고, 필요한 모든 것을 공급하실 것이다.

비전(Vision)대로 살면 공급(Provision)은 따라온다.
그분을 바라보며 시도하면 필요한 것을 풍성히 주실 것이다.

주님은 '걸음'을 인도하신다.
일단 내가 걸어가야 인도하신다는 것이다.
끌고가는 게 아니라 인도하신다고 했다.
목자는 양의 목에 목줄을 채우지 않는다.
목자는 양의 음성을 알고, 양도 목자의 음성을 안다고 했다.
그분의 말씀을 따라가면 된다.

아브라함이 갈 바를 알지 못했으나
'걸어갔기 때문에' 주님이 일하셨다.
주의 말씀을 의지하여 '발을 내디뎠기 때문에'
요단강이 갈라졌다.

일단, 걸어가야 무슨 일이라도 생긴다.

설령 잠시 잘못된 방향이었다 해도
잘못된 걸음이었을지라도
아무것도 하지 않고 가만히 있는 것보다 낫다.
방향이 잘못되면 주께서 조율해주실 것이다.
조율해주시는 과정에서 그분을 경험하게 된다.
그러니 그만 일어나 움직이자.
내가 움직여야 하나님이 일하신다.

사람이 마음으로 자기의 길을 계획할지라도
그의 걸음을 인도하시는 이는 여호와시니라
_잠언 16:9

✦ 주님이 만드신 영향력

주님을 바라보며 달리는 삶이,
나의 부족함 때문에 힘겨울 때가 있었다.
그럴 때 마음을 다잡기 위해 SNS에 묵상글을 올렸다.
내 부족함 때문에 시작한 일인데 많은 이들이
자신의 신앙생활에 도움이 되었다고 메시지를 보냈다.

어릴 때부터 꾸준히 교회를 다녀왔고
교회 행사나 수련회에 빠짐없이 참여해왔음에도
18살이 된 요즘에서야 진심으로 말씀을 읽고
하나님을 바라보게 되었다는 한 학생이
장문의 메시지를 보내왔다.
내가 운영하는 '하나님의 메신저' 계정을 우연히 알게 되었는데
마침 자신의 상황과 맞는 글을 접하게 되었고,
하나님께서 작정하고 자신을 부르신 것처럼
그 이후로 지금까지의 자신과는

완전히 다른 삶을 살게 되었다는 고백이었다.

스스로 부족함을 느껴 기록한 글이었는데
그 글을 통해 누군가는 주님과의 관계가 회복되고,
다시 주님을 바라보게 되어 삶에 변화가 일어났다는 고백에
감사가 밀려왔다.
내가 주 안에서 변화되는 모습,
주님과 동행하는 모습을 지켜본 사람들이
스스로 생각하기 시작하고,
결국 스스로 주님을 찾기 시작하니 변화가 찾아왔다.
내가 아니라 주님이 만드신 영향력이었다.
영향력은 나와 당신 안에 계신 주님이
우리 삶을 통해 끼치시는 것이다.

✦ 영혼을 세우는 법

내가 상처받을 것을 각오하고 사랑하니
사랑 받은 영혼이 하나님 앞에서 살아나는 것을 보게 된다.
이렇게 영혼을 세우는 법을 배운다.

사랑은 모든 허물을 덮는다는 잠언 말씀.
딱 맞다.

✳ 영광스러운 고난

나를 힘들게 하는 사람을 주님의 마음으로 대하는 게
세상에서 가장 어려운 일이 아닐까.

주위에서는 그 사람 이제 그만 포기하라고.
네가 잘못한 것도 아닌데 언제까지 참고 기다려야 하냐고 한다.

그러나 그럴 수 없어
잠시 숨을 고른 후 다가간다.

주께서 요동하던 내 마음에 리셋 버튼을 누르신 것 같다.
배설물 같던 화난 마음을
변기 물 내리듯 가라앉히신다.

내 입장을 이야기하려는 순간 나를 내려놓고
주께서 주신 마음대로 말했다.

누군가에게는 구차하고 비굴해보이는 순간일 것이다.

눈물이 난다.

자존심 상해 나는 눈물이 아니다.

주님 마음으로 살고 싶은데

나의 부족함에

내 안에 사랑 없음에

흘리는 눈물이다.

몸이 부서지도록 누군가를 섬기는데

감사는커녕 비수로 돌아와 꽂힐 때가 있다.

그럴 때 부모의 심정을 느낀다.

주님의 마음을 느낀다.

주님을 닮아가고 따라간다는 것은

멋지고 아름다운 일이지만 그 과정에는 아픔이 따른다.

고난 없는 영광은 없다.

✦ 엘리트 용사 코스

10대 때 하나님을 만난 후
20원, 200원을 헌금할 정도로
형편이 어려운 시절이 있었다.
불과 4-5년 전 이야기다.

그렇기 때문에 지금 형편이 어려운 친구들의
필요를 살피고 채워줄 때면
저들도 하나님이 세우시면 반드시 용사가 되어
하나님께 쓰임 받는 인생이 될 거라는 확신이 든다.

성경 속 비전의 모델로 꼽히는 요셉, 다니엘, 다윗 모두
10대 때 하나님께서 꿈을 주셨고
20대 때 광야학교에서 실력을 쌓았다.
그리고 30대 때 세상에서 영향력을 발휘하는 삶을 살았다.

조금씩 차이가 있지만

모두 하나님께 직접 비전을 받고

각자의 시대와 상황 속에서 실력을 쌓기 위해

광야학교에 입학했다.

광야학교 코스는 대략 10-12년.

거기서 영적으로 깊어지고 육적으로 능숙해지고

성품이 다듬어져 때가 되면 하나님은 그들을 높이셨다.

하나님이 엘리트 용사를 만드시는 성격적 코스였다.

나도 여전히 훈련을 받는 중이지만

훈련하시는 하나님을 바라보며

이 과정을 훌륭히 통과해보자고 매일 다짐한다.

눈앞에 붙어 있는 신명기 8장 말씀을 기억하며.

"여호와를 기억하라"

너를 낮추시며 너를 주리게 하시며
또 너도 알지 못하며 네 조상들도 알지 못하던 만나를
네게 먹이신 것은 사람이 떡으로만 사는 것이 아니요
여호와의 입에서 나오는 모든 말씀으로 사는 줄을
네가 알게 하려 하심이니라

_신명기 8:3

✦ 부지런함과 힘듦

만나는 사람들의 이름으로 스토리를 만들어
액자로 주면서 소정의 비용을 받기 시작했다.
돈을 벌려고 시작한 것은 아니지만
계속 만들어달라는 사람들이 있어
불가피하게 돈을 받게 된 것인데
생각보다 주문량이 폭발적이었다.
많은 양을 소화하기가 어려워 값을 몇 배로 올렸는데
신기하게 주문도 몇 배로 늘어났다.
문득, 나에게는 너무 익숙한 일이어서
'이렇게 쉽게 돈을 벌어도 되나' 하는 생각이 들었다.
그러자 내 안에 계신 성령님께서 두 가지 말씀을
떠오르게 하신다.

네 하나님 여호와를 기억하라

그가 네게 재물 얻을 능력을 주셨음이라

_신명기 8:18

네가 자기의 일에 능숙한 사람을 보았느냐

이러한 사람은 왕 앞에 설 것이요 천한 자 앞에 서지 아니하리라

_잠언 22:29

그리고 이렇게 말씀하신다.

"네게 쓰라고 준 능력인데 당연하지.

그리고 아들아, 나는 너희에게 부지런히 수고하고 땀 흘려

일하라고 했지 힘들게 하라고 한 적은 없다." (잠 10:4, 21:5)

맞다. 부지런한 것과 힘든 것은 전혀 다르다.

주께서 주신 재능을 투자해서 돈을 벌 수 있다니,

상상도 못했다.

좋아하는 일, 잘 하는 일로 돈을 버는 사람은

정말 행복한 사람이다.

그러므로 내가 보기에는 사람이 자기 일에 즐거움을 느끼는 것보다

더 좋은 것은 없으니 이것이 사람의 운명이기 때문이다.

_전도서 3:22 (현대인의성경)

✦ 교만하다고요?

할 일을 성실하게 하지 않으면서
하나님이 하실 일만 기다리며 기도하는 사람을 두고
요한 웨슬리는 '광신자'라고 했다.
반대로 하나님이 하실 일을 내가 해보겠다고
아등바등하며 걱정하면 그것 또한 어리석은 일이다.
모든 일의 결과는 결국 하나님께 달려 있기 때문이다.

최선을 다해 환자를 치료하는 건 의사, 곧 사람의 영역이다.
치료는 하지 않고 하나님께 맡겨드린다며 기도만 하면
환자는 낫지 않을 것이다. 반면 최선을 다해 치료했다면
그 결과는 하나님의 영역이다.

청년들에게 이런 이야기를 하면
"최선을 다하는 것까지는 좋은데, 그 일이 잘 되었을 때
교만해지는 경우가 있어요" 하는 의문이

돌아오기도 한다. 결과로부터 자유하는 태도는
그 일이 잘 되지 않았을 때도 자유를 주지만
잘 되었을 때도 자유를 준다.
내가 최선을 다해서 그 일이 잘 되었다면
하나님께 감사하면 된다.

한 청년이
자신이 교만해지는 것 같아 고민이라는 이야기를
모임에서 털어놓자 그와 친구인 새신자 청년이
이렇게 말한 일이 기억난다.

"니 뭐 되나? 아니, 쥐뿔도 없으면서 자꾸 교만교만 하노.
오늘 설교 들으니, 다윗은 왕인데도 겸손했다던데
왕도 아닌 게 교만할 게 뭐 있노?"

새가족의 여과 없는 말에 웃음바다가 되었다.
분위기를 환기하면서도 새가족의 뼈 있는 일침이
은혜가 되었다.

맞다. 우리는 아직 교만에 대해 고민할 레벨도 아니다!
(물론 높아져도 교만해져서는 안 되지만…)

✳ 영적 흐름 바꾸기

교회 청소년부에서 한 달간 강사로 섬길 기회가 있었다.
혼자 떠드는 강의가 아니라 그들이 직접 하나님을
만나는 체험을 하도록 돕고 싶어 미션을 주었다.
"아침에 눈 뜨자마자 예수님을 찾은 후
단체 메신저에 인증 남기기!"

청소년 8명과 교사 두 분이 아침마다 예수님을 찾고
"예수님 찾았어요!"라고 메시지를 보내온다.
이어지는 하루의 묵상과 간증이 얼마나 귀한지.

역시 분위기와 흐름이 중요하다.
다수가 어떤 흐름을 만드는지가 전체적인 분위기를 만든다.
매일 예수님을 찾는 그들의 삶이 위대한 주님의 뜻에 따라
변화될 것을 기대한다.

우리는

자주 생각하는 걸 닮아간다.

자주 생각하는 걸 사랑하게 된다.

자주 생각하는 걸 소유하고 싶어진다.

자주 생각하는 것에 영향을 받는다.

그러므로 예수님을 자주 생각하도록 돕는 일은 정말 중요하다.

나를 사랑하는 자들이 나의 사랑을 입으며

나를 간절히 찾는 자가 나를 만날 것이니라

_잠언 8:17

✦ 어긋난 기대와 배움

서울에서 강의가 있어 부지런히 움직였다.
청소년 30명가량이 오기로 한 자리였다.
잠을 아껴 준비하고, 차비, 밥값을 들여 올라갔는데
참석 인원은 5명뿐이었다.
그래도 최선을 다해 준비한 강의를 마쳤다.
집으로 돌아오는 길, 진이 다 빠진다.
실망스럽고 서운한 마음이 든다.
갑자기 생긴 일들로 참석을 못했다는,
미안함이 묻어나는 메시지가 속속 도착한다.
서운함이 오래가지는 않았다.
이내 이해와 애틋함이 마음에 자리 잡았다.
사랑하니까 이해가 되었다.

내 마음 아시는 주님이 위로하신다.

"아들아, 많이 서운했지?
너희는 사랑하는 사람에게 서운한 마음이 들어 속상할 때면
그런 생각을 하는 자신의 믿음이 약하다고,
내게 용서해달라 기도하는데 그렇지 않단다.
나도 속상하고 서운할 때가 있는걸.
당연한 마음이지."

성경에 하나님이 잘해주고 복을 주지만
결국 하나님을 떠나버리는 자녀들이 등장한다.
그럴 때 하나님도 속상하고 서운하셨겠구나, 생각하는데
주님이 이렇게 말씀하신다.

"두려움을 전혀 느끼지 못하는 게 용기가 아니라
두렵지만 계속 시도하는 게 용기야.
아픔을 전혀 느끼지 못하는 게 사랑이 아니라
아프지만 계속 하는 게 사랑이야.
서운함과 속상함을 느끼지 못하는 게 믿음 좋은 게 아니라
서운하고 속상할 때 내 심정을 알고, 나를 바라보며
서운함이 애틋함으로 바뀌고
오해가 이해로 바뀌는 게 좋은 믿음이란다."

언제나 주님께 사랑을 배운다.

✦ 상처의 크기 사명의 크기

한 청년과 통화를 했다.
어려운 가정 형편 속에서도 홀로 열심히 준비해
필리핀에 있는 크레센도 국제대학교 항공과에 입학했는데
어머니가 소뇌위축증 진단을 받아 결국 귀국했다고 한다.

멘토가 되어주는 아이들에게 늘 하듯이
"내 새끼~"라고 부르자, 아이는 울먹이더니
끝내 눈물을 터뜨린다.

아이의 아픔이 고스란히 전해졌다.
성령님께서 주시는 감동으로 하나님의 마음을 전했다.

"상처는 혼자 아파하라고 있는 게 아니야.
그 상처를 극복해서 언젠가 너와 같은 아픔을 가진 사람을 만나면
다가가서 그의 아픔에 공감해주고, 그의 삶에 희망이 되라고

하나님이 네게 보내준 선생님이란다.

상처는 너의 간증이 될 거야.

지금의 내가 너를 위해 기도해주듯 말이야.

네 상처의 크기가 사명의 크기라는 걸 기억하면 좋겠어."

그러자 아이의 눈물이 미소로 바뀌었다.

수께서 평범한 일상을,

영혼을 살리는 특별한 일상으로 바꿔주셨다.

매순간이 감사요, 일상이 기적이다!

✦ 희망을 주는 드라마

드라마를 즐겨보지 않는데
유일하게 감명 깊게 본 드라마가 있다.
〈제빵왕 김탁구〉
주인공 김탁구의 삶이 남 일 같지 않아서
학생 시절, 외롭고 힘들 때 김탁구를 보며 용기를 얻곤 했다.
이제 내가 드라마처럼 살면서
나를 보는 사람들에게 희망을 주자는 생각을 한다.

인생은 좋은 일이 많이 일어나서 행복한 게 아니다.
힘든 일이 안 일어나서 행복한 게 아니다.
재미난 일이 일어나서 행복한 게 아니다.
상황과 관계없는 기쁨과 평안이 분명히 있다.

내가 무엇을 위해 살고, 왜 살아야 하는지
그리고 어떻게 살다가 죽을지를 분명히 알고

하루하루 목적이 이끄는 삶을 살며 달려가기에,

지쳐 쓰러질 것 같아도 다시 일어설 힘이 생긴다.

나아가 쓰러진 누군가에게 손을 내밀어줄 수 있게 된다.

누군가에게 희망을 주는 드라마 같은 인생.

늘 이런 생각들로 마음을 채우니 행복하다.

✦ 하나님의 위로자

새벽 예배 설교 시간에 '위로자'가 되라는 메시지를 들었다.
설교를 듣는 내내 "누구에게 위로자가 될까요?" 주님께 물었다.
'살아라'가 아닌 '살았다'를 전하는 삶을 살기로 했으니까.

"성령님, 이 말씀을 듣고 제가 누구를 위로하기 원하세요?"
"성령님, 지금 제 주변에 위로가 필요한 사람이 누구인가요?"
"성령님, 지금 당장 하나님의 위로가 필요한 사람이 누구인가요?"

그러자 내 책 독자 중 한 사람이 떠올랐다.
SNS에 셋째 출산 소식을 올렸는데
아기가 선천성 무호흡증으로 고생하는 상황이었다.
새벽기도 시간에 그 가정을 생각하며
그 자리에서 아기 이름으로 네임스토리를 적어,
그 글을 선교사로 파송했다.

"주님, 이 글을 위로자로, 선교사로 파송합니다.
이 글을 통해 그 가정이 위로받고 희망을 얻게 해주십시오!"

글을 보내드리자 바로 자신의 SNS에 게시하고 나를 태그했다.
알고 보니 수십만 팔로워를 둔 인플루언서였다.
그 정도인 줄은 몰랐는데….
그 글에 하루 만에 '좋아요'가 13,000개가 넘게 달리고
댓글도 수백 개가 달렸다.
그 글을 보고 위로를 받은 수많은 사람이 나를 알게 되고
하루 사이에 팔로워가 수백 명이나 늘었다.
세상이 주는 위로와는 다른 느낌이었다.
예수로 위로하면 세상도 반응한다는 걸 피부로 체감했다.

아들아, 네가 글을 선교사로 파송했듯
나도 너를 세상의 위로자로 파송한다.

아멘.
하나님의 위로자, 하나님의 메신저가 되겠습니다.

✴ 주님 앞에서 울면

'힘 내'라는 위로의 말을 들으려 하기보다
'내 힘'이 되신 주님을 찾자.
나의 무력함으로 인해 실망하기보다
나의 힘이 되신 주님으로 인해 소망을 품자.
나의 약함이 오히려 주님이 일하실 수 있는 통로가
될 수 있다면, 주님 앞에서는 늘 어린아이, 울보가 되자
주님 앞에서 울면 세상에서 울 일이 없어진다.

보라 하나님은 나의 구원이시라
내가 신뢰하고 두려움이 없으리니
주 여호와는 나의 힘이시며 나의 노래시며
나의 구원이심이라

_이사야 12:2

✳ 구멍 난 가슴을 채우는 것

하나님은 모든 사람의 가슴에 큰 구멍을 남겨놓으신 듯하다.
주님이 아니면 채워지지 않는 마음을 보면 말이다.

많은 걸 가지고, 많은 사람의 존경을 받고,
많은 일을 해냈다고 할지라도
그 사람 안에 하나님이 없으면
결정적인 순간에 공허함이 드러난다.
그 안에 신성한 기쁨과 만족이 없기 때문이다.
진정한 기쁨과 만족은 오직 하나님으로부터 온다.

여호와께서 주시는 복은 사람을 부하게 하고
근심을 겸하여 주지 아니하시느니라
_잠언 10:22

✴ 사랑의 표현, 기도

누군가를 위한 기도가 자연스럽게 나올 때가 있다.
'애쓰는' 기도가 아니라 '행복한' 기도였다.
기도하는 내내 행복했기에 그 시간이 내게
소중한 선물이었다.

누군가를 위해 진심을 담아 기도한다는 건,
하나님이 주신 현재(Present)를
선물(Present)로 만드는 것 같다.

특별한 기도의 경험을 한 후로 하루도 빠지지 않고
매일 한 사람을 위해 기도했다.
매일 하루를 시작할 때 주님께 감사 기도를 드린 후
곧바로 그를 위해 기도했다.
혹시 일정이 많아 새벽 늦은 시간에 귀가하게 되어도
무거운 눈을 반쯤 뜨고 똑같이 기도하고 잠들기도 했다.

몸은 피곤해도

기도하는 동안 절로 미소가 지어졌고, 힘이 났다.

그 기도에 진심을 담고 싶은 마음에 기도를 기록했다.

그랬더니 그 사람의 영혼을 더욱 사랑하게 되었다.

하나님은 그 사람을 통해 내게 무엇을 가르쳐주시려 했을까?

이를 잠잠히 묵상하자 주께서 말씀하신다.

"대진아, 사랑하면 기도가 나온다.

기도하면 사랑하게 된다. 아무리 힘들고 피곤해도

그를 위한 기도를 쉬지 않게 되지.

네게 이걸 가르치고 싶었단다.

기도는 사랑이란다."

내가 누군가를 위해 기도하든

누군가에게 나를 위한 기도를 요청하든

기도는 사랑의 표현이다.

진심을 담아 계속 기도하면

하나님과도 정 들고, 그 영혼과도 정이 든다.

그의 영혼을 위해서 기도했는데,

결과적으로 그 기도가 내 영혼을 살리더라.

✦ 다가가 나누는 기쁨

코로나19 영향으로 손님이 줄어

고민이 되어 기도하는데 한 가지 아이디어가 떠올랐다.

언제나 먼저 찾아가신 예수님처럼,

대구 내에서 주문하는 분들에게 직접 찾아가 배달하는 것!

제법 먼 곳에 배달 다녀온 내용을 SNS에 알리자

팔로워들이 주문하기 시작했다.

내가 움직일 때 역사하시는 하나님!

매장 문을 닫고 집으로 돌아가는 길,

'고아와 객과 과부의 하나님'이 생각났다.

그리고 오늘 새벽예배 메시지가 연이어 떠올랐다.

'깨닫지만 말고 말씀에 반응하고 살아내는 자가 될 때

하나님을 경험할 수 있다.'

바로 유턴해 식자재 마트로 갔더니
마치 재난 영화의 한 장면과 같은 모습이 눈앞에 펼쳐졌다.
사재기하듯 음식과 생필품을 챙기는 사람들.

'주님, 그런데 이거 사서 누구에게 줘야 하죠?'
주님께 묻자 한 집사님을 생각나게 하셨다.
집사님께 전화하니 미혼모 시설 원장님을 연결해주셨다.
시설에 있는 미혼모와 아기들을 위해
분유와 생필품을 사서 전달했다.
그것들을 보낼 때 주님의 이름으로 파송했다.
'주 예수의 이름으로 너희를 파송하니,
너희는 가서 주의 사랑을 전하라.
고아와 객과 과부의 하나님!
주께서 맡겨주신 물질을 노예로 파송합니다.'

마음에 주님이 주시는 기쁨이 넘친다.

가난한 자를 불쌍히 여기는 것은 여호와께 꾸어 드리는 것이니
그의 선행을 그에게 갚아 주시리라
_잠언 19:17

✳ 돈 주고 사는 행복

수요예배를 드린 후 교회에 남아 있는 아이들을 생각해
근처 치킨집에서 치킨 4마리를 사다 나눠 먹었다.
아이들이 작은 손으로 치킨을 들고
맛있게 먹는 모습을 보니 마음이 기쁘다.

나의 행복을 위해 재물을 쌓으면 불행이 쌓이지만
남의 행복을 위해 재물을 사용하면 행복이 쌓인다.

다음 날 아침 식자재마트에서 먹을 것을 사는데
자꾸 교회와 영혼들 생각이 난다.
교회 냉장고와 식품 저장고가 비어 있으면 마음이 좋지 않다.
내 집 냉장고는 가득 차 있는데 교회 냉장고가 텅텅 비어 있으면
마음이 아프다.

오늘도 라면 한 박스와 카레, 짜장 한 박스씩 사서 채워둔다.

그러면 사역자분들이 형편이 어려운 이들에게 나눠주신다.
다음세대들이 언제든 교회에 와서 꺼내 먹으며 교제한다.
예수님께서도 영적인 것만 채우지 않고
굶주린 자들을 배부르게 하는 일에도 정성을 다하셨으니까.
교회에는 영적으로도 육적으로도
먹을 게 많아야 한다고 생각한다.

내가 채워둔 음식을 성도들이 옹기종기 모여
먹고 있는 모습을 보면
마음에 행복이 가득 차오른다.
그래서 오늘도 천국에 작은 씨앗을 뿌린다.
물질의 씨앗과 기도의 씨앗을 함께 뿌린다.
그러자 말씀이 한 구절 떠올랐다.

　그가 경건하여 온 집안과 더불어 하나님을 경외하며
　백성을 많이 구제하고 하나님께 항상 기도하더니
　고넬료가 주목하여 보고 두려워 이르되
　주여 무슨 일이니이까 천사가 이르되 네 기도와 구제가
　하나님 앞에 상달되어 기억하신 바가 되었으니
　_사도행전 10:2, 4

말씀에 의지해 기도한다.

"주님, 교회 근처 굶주리고 가난한 이웃들에게도
나눌 수 있게 해주세요.
예수님을 따르던 무리의 배고픔을 채워주셨듯이,
고넬료가 하나님을 경외하고 백성을 많이 구제했듯이
가난하고 굶주린 자들의 움켜쥔 배를 채우고,
그들의 영혼도 채울 수 있는 기회를 주세요."

그러자 주께서 말씀으로 답하신다.

> 울며 씨를 뿌리러 나가는 자는
> 반드시 기쁨으로 그 곡식 단을 가지고 돌아오리로다
> _시편 126:6

내가 '작은 씨앗'을 뿌리면
주께서 '단'으로 갚아주신다.

✳ 가장 귀한 일

하나님은 모든 사람 안에 원석을 넣어두셨다.
그 원석을 찾아 보석으로 제련하지 않고 그대로 묵혀
빛을 발하지 못한 채 생을 마감하는 인생이 얼마나 많은가.

오늘은 스마트 폰에 빠진 딸 때문에 고민인
한 엄마의 이야기를 듣다가 그분이 미뤄왔던 일을
시도할 수 있도록 도왔다. 이야기 내내 눈물을 흘리던 분이
헤어질 때는 밝은 미소를 지으며 결단하고 감사인사를 한다.
그리고 하나님께 감사하다고 고백한다.

하나님이 주신 가장 귀한 일은
사람이 사람을 돕는 일이 아닐까.
나에게서 타인에게로 시선을 돌리는 것.
하나님의 시선으로 다른 영혼을 바라보고,
내 안에 계신 하나님께서 나의 눈을 통해

세상을 바라보는 것.
귀하고 귀하다.

사람들은 자신의 능력을 너무 얕잡아 보거나
이미 자신에게 있는 능력을 잊고 하나님께 더 큰 능력을 달라고
떼쓰며 기도하기도 한다.
하지만 하나님께서는 나에게 누군가를 미소 짓게 할 수도,
눈물짓게 할 수도 있는 힘을 이미 주셨다.

누군가의 목소리를 들어줄 두 귀와
누군가를 축복해줄 수 있는 입술을 주셨다.
크고 대단한 복을 구하기 이전에 내게 이미 주신 것들에
진정으로 감사하고 그것을 잘 활용하며 살고 싶다.

선한 영향력, 빛과 소금의 역할은 크고 거창한 게 아니다.
내가 서 있는 그 자리에서, 내가 할 수 있는 지극히 작은 일부터
시작하면 된다. 나는 작을지라도 내 안에 계신 주님이 크시기에
나의 지극히 작은 일은 주 안에서 가장 의미 있고
특별하고 위대한 일이 된다.
사람이 잡으면 평범한 지팡이일 뿐이지만,
하나님이 붙드시니 홍해를 가르는
기적의 지팡이가 되지 않았는가(출 4:2, 4:20).

수요예배 전 교회에 일찍 도착하니
유치부 아이들이 퀵보드를 타고 놀고 있다.
"아이스크림 먹을 사람?" 하고 물으니
5명 모두 "저요, 저요!" 하며 따라온다.

아이스크림을 하나씩 고르고 밖으로 나오니
포장을 벗겨달라고 내게 건넨다.
포장을 벗겨주니 3명이 퀵보드를 들어달라고 한다.

출발하기 전에 분명히 "퀵보드 가지고 가면 불편할 거"라고,
"아이스크림 먹으면서 퀵보드 탈 수 없다"고 말했는데도
신나게 타면서 온 거였다.

결국 내 양 손에 퀵보드가 들렸다.
횡단보도에서는 아이들이 다칠까 살피며 속도에 맞춰 걸었다.

하나님 보시기에
내가 고집해서 쥐고 있는 '퀵보드'는 무엇일까?
지금 내게 소중해보이지만 하나님 보시기에는
결국 불필요한 것은 무엇일까?

교회에 도착하니 아이스크림을 다 먹은 아이들이
아이스크림 막대를 나에게 건넨다.
흔쾌히 받아들고 아이들 입에 묻은 아이스크림을 닦아주었다.

아이스크림을 사주고, 뒤처리해주고, 다치지 않도록 지켜봐주고
발걸음 속도 맞춰주면서 주님의 심정을 배웠다.

굳이 가져가도 되지 않아도 될 퀵보드를 가져갔을 경우
직면하게 될 미래를 나는 알 수 있었다.

나의 작은 지혜로도 짧은 눈앞의 미래가 예측 가능한데,
하나님께서 그분의 지혜로 나를 바라보면
당연히 내 평생의 앞날과 먼 미래까지 아시지 않겠는가!

1장 하나님 찾기를 멈추지 않고

2장 나와 이웃의 만남을 꾸준히 만들며

3장

—

님의 말씀을 살아내다

✳ Right, Now

지금 바로(Right Now) 하는 것이
지금(Now)을 가장 옳게(Right) 사는 법이다.

주를 향한 순종도, 영혼들을 향한 사랑의 표현도,
낮은 자들을 위한 나눔도
뭐든 미루지 말자.

✴ 내 아버지의 응원

교회 예배당에서 밤새 기도하다 잠이 들었다.
장로님이 들어와 불을 켜서 눈 떠보니 오전 5시 15분이다.
세상에서 내가 해야 할 최선의 1을 다하고 예배당에서 기도하다
잠들면 마음 깊이 평안이 찾아온다.
어린아이 사무엘이 떠올랐다.
늘 성진 안에서 주님 앞에 머물다가 잠들고
그 안에서 주님을 만난 사무엘처럼 시간이 되는 대로 교회에 와서
주님과 교제하다 보면 그때그때 상황에 맞는
필요한 말씀을 떠오르게 하신다.

또 여호와를 기뻐하라 그가 네 마음의 소원을 네게 이루어 주시리로다
네 길을 여호와께 맡기라 그를 의지하면 그가 이루시고
_시편 37:4-5

아버지는 내가 기뻐하길 원하셨다.

소원을 이루기 위해 소원에 집중하는 게 아니라

내가 주 안에서 기뻐하면,

내 소원은 아버지께서 이루겠다고 하신다.

하나님 아버지는 나의 1%의 관심도 다른 누군가에게,

다른 무언가에 빼앗기고 싶지 않으신가 보다.

그래서 우리 주님을 사랑 그 자체라 하고

때로는 질투의 하나님이라고 하나 보다.

그 날 저녁, 예배를 인도하는 간사님께서

오늘 나에게 주신 시편의 그 말씀을 선포하셔서 깜짝 놀랐다.

"아, 이 말씀이 정말로 주께서 오늘 내게 주시는 말씀이구나!"

하나님은 이 말씀을 통해 내게 무엇을 가르치고자 하시는 걸까?

집으로 돌아와 예수동행일기를 쓰는 지금 이 순간

내 시선을 앞으로 향하자 입이 벌어졌다.

내 눈앞에 출판사와 계약하고 나서 믿음으로 선포하고

교보문고에서 사진을 찍어 직접 편집해놓은 내 사진이 붙어있다.

당시 주께서 주신 말씀도 시편 37편 4-5절 말씀이었다.

주님을 의지했더니 주께서 이루셨다. 주님을 기뻐했더니 주께서

마음의 소원을 이루어주셨다. 이를 깨닫자 주께서 말씀하신다.

"아들아, 37편 4절과 5절 말씀이 이뤄졌구나.

이제 다음 말씀이 이뤄질 차례네^^"

곧바로 이어지는 6절의 말씀을 찾아본다.

> 네 의를 빛같이 나타내시며 네 공의를 정오의 빛같이 하시리로다
>
> _시편 37:6

아… 넋을 잃었다.

말씀을 통해 다윗에게 주신 복이 내게도 임하기를 기도했다.

세상에서는 열방을 품는 탁월한 리더가 되기를(신 26:19),

교회에서는 영혼을 살리고 섬기는 리더가 되기를 결단했다.

교회 밖을 나오며 고백했다.

예, 아버지! 저 여기 있습니다.

예, 아버지! 저 준비됐습니다.

> 여호와께서 사무엘을 부르시는지라
>
> 그가 대답하되 내가 여기 있나이다 하고
>
> _사무엘상 3:4

✳ 눈물의 청소

바쁜 하루를 마무리하고 집으로 가는 길,

머릿속에는 빨리 가서 눕고 싶다는 생각뿐이다.

그런데 순간 쌔한 기분이 든다.

'아차, 오늘 집이 먼 청년 대신 내가 본당 청소하기로 했지!'

그런데 주님은 "아들아, 많이 피곤하지? 너무 피곤하면

그냥 가서 쉬어. 아버지는 괜찮다" 말씀하신다.

요즘 나를 대하는 주님의 방식이다.

복종하라고 말씀하는 대신 나를 이해한다고,

힘든 거 잘 안다고 하신다.

그때 한 장면이 스쳤다.

아무리 피곤해서 일찍 잠든 날에도

나는 어머니가 새벽에 일 마치고 들어와 등을 밀어달라고 하시면

자다가도 일어나 등을 밀어드렸다.

교회는 우리 주님의 몸인데, 그럼 내 어머니 몸이나
마찬가지인데….
생각이 여기까지 미치자 마음이 아팠다.
그래서 얼른 교회로 달려가 깨끗이 청소했다.
어머니 등을 밀어드리듯이 바닥에 딱딱하게 붙어있는
껌을 떼는데 자꾸 눈물이 났다.
나를 이해하시는 주님을 뒤로 하고 집으로 갔으면
내가 등을 밀어드리지 못할 때 어머니의 등처럼
우리 주님이 가려우셨겠다는 생각에….

밀대질하다 눈물을 뚝뚝 흘리는 내 어깨를 주님이 안아주신다.

"아들아, 등 밀어줘서 고맙다.
우리 아들이 밀어주니까 참 시원하네" 하시며.

어느 목사님의 말씀이 생각난다.

"하나님을 아버지로 사랑하는 사람은
교회를 어머니처럼 섬긴다."

✦ 주님을 놓친 1분

집에서 한참 일을 하고 있는데
모르는 번호로 전화가 왔다.
차를 빼달라는 전화였다.
내려가 보니 1층 가게 주인이다.
내 집 앞에 차를 세워둔 건데
당연하다는 듯 차를 빼달라니
순간 짜증이 났다.
이번이 처음이 아니라 더욱.
결국 언성을 높여 다투는 중에
맞은편에 공간이 생겨 차를 빼려 시동을 걸었다.
그때 극동방송에서 한 목사님의 설교 메시지가 들렸다.

"여러분이 지금 성령충만하면 운전할 때도 찬송이 나옵니다."

주여…

이렇게 예리한 말씀이라니.

성령충만이 자아충만으로 바뀌는 데 1분도 걸리지 않았다는 걸 주차하는 몇 초 동안 깨달았다.

주차를 하자마자 편의점에서 박카스를 한 통 사들고 1층 사장님에게 가서 사과했다.

도리어 사장님이 당황해하시며 미안해했다.

다시 집으로 올라가는 계단을 걸으며 주님을 찾았다.

"주님, 단 한순간도 주님 없이는 안 됩니다.

나는 주님 없이는 안 됩니다."

✳ 나의 행복, 나의 자랑

2017년 11월 20일.
첫 강연을 한 날이다.
강연을 듣고 치과 원장님 한 분이 질문을 해왔다.

"작가님을 보니까 정말로 행복해보이고,
그 행복이 저희에게도 전해지는 것 같아요.
그런데 작가님이 생각하시는 행복의 정의는 뭔가요?"

그 순간 성령께서 지혜를 주셔서
나도 모르게 바로 고백했다.

"내가 이 세상에 태어난 목적을 알고,
그 목적대로 사는 것이 행복이고
그 목적을 다 이루고 죽는 것이 성공인 것 같습니다."

내 대답에 모두 박수를 쳤다.

어제까지만 해도 불안하고 두려웠던 마음이
담대함과 용기로 바뀌고
강연 시간 내내 무척 행복했다.
하나님을 자랑할 수 있어서 너무 행복했다.

내 평생 하나님을 사랑하며 살고 싶다.
이 행복과 기쁨을 잃어버리고 싶지 않다.

✳ 한 아이의 꿈

한 청년이 다가와 이렇게 말한다.

내가 가게 문 닫고서 박스 깔고 쪽잠 자고
링거 맞아가면서 세상에서 하나님을 자랑하며
영혼을 살리는 모습을 보고 마음이 아팠다고.
그 와중에 교회 청년들을 챙겨줘서 고맙다고.

그 말 하나하나가 심장에 박혀 눈물이 났다.

"꾸벅꾸벅 졸면서 아멘 하는 사람 말고
하나님 자랑하는 사람 되게 해주세요!"

어릴 때 했던 기도가 이루어졌다고 느끼는 순간이었다.

✳ 최고의 기적

한 영혼을 천하보다 귀하게 여기시는
하나님 아버지의 마음을 누군가에게 전하면 내가 행복해진다.

사람이 앉았던 자리에 온기가 남고, 향기가 남듯
아버지의 사랑, 눈물의 흔적이 '나'라는 통로를 거쳐갈 때
내 마음에 아버지의 온기가 남는다.
그리고 그 영혼이 사랑을 느끼는 게 전해진다.
혈루병에 걸린 여인이 예수님의 옷깃을 잡자
몸에서 능력이 빠져나가는 것을
예수님이 바로 느끼셨듯이 말이다.

최고의 기적은 병 고침 받고 귀신이 떠나는 것이 아니라
천하보다 귀한 영혼이 주께 돌아오는 것 그 자체다.

✴ 과거 NO, 갈망 YES

많은 사람이 신앙생활이 좀 시들해졌다 싶으면

내게 첫사랑을 회복하게 해달라고 기도하곤 하지.

첫사랑이 있다는 건 반대로 끝사랑도 있다는 거겠지?

하지만 나의 사랑은 시작은 있어도 끝은 없단다.

그러니 첫사랑을 회복하기 위해 노력하지 말기를.

너희가 날마다 십자가 안에서 죽으면

죽는 동시에 매일 새롭게 태어나고,

거기서부터 항상 사랑이 시작되고 더 깊어지는 법이란다.

그 사랑은 언제나 새로울 테고, 시들해질 새가 없겠지.

지나간 과거의 사랑을 회복하기 위해서가 아니라
오늘 나를 만나주실 하나님을 향한 기대와 갈망,
과거에 묶인 신앙이 아니라
오늘 이 순간 만나주실 주님을 향한
갈망으로 살겠습니다.

✴ 바쁠 때 하는 기도

"성령님, 오늘 제게 말씀하고 싶은 게 무엇입니까?"

"성령님, 오늘 제가 해야 할 일이 무엇입니까?"

"성령님, 오늘 제가 섬겨야 할 영혼이 누구입니까?"

✦ 모래알과 백사장

예수님을 영접한 후 내겐 의문이 하나 있었다.

"말씀대로 살면 복 받는다고들 하는데,
왜 내 주변에는 복 받은 사람이 없을까?
왜 도전이 되는 믿음의 모델은 책이나 유튜브,
대형 간증집회에서만 만날 수 있을까?
왜 내 주변, 내 교회에는 그런 사람이 없을까?"

이 의문은 곧 결단으로 바뀌었다.

"그런 사람이 없으면, 내가 그런 사람이 되자!"

마음에 소원을 품은 지 14년 후,
한 청년이 내게 해준 한마디가
그 소원이 성취되었음을 알려주었다.

"하나님 앞에서 바르게 살아가기를 힘쓰는 사람이
책 속이 아니라 바로 내 눈 앞에, 우리 교회에 있다는 걸 알고
저도 그렇게 살고 싶다는 자극을 받았습니다."

이 청년의 고백에 눈물이 났다.
14년 만에 듣게 된 말에 감사해서 눈물이 났다.
주를 위해 무언가 드릴 수 있다는 사실이
감격스러워 눈물이 났다.

나는 작은 모래알, 작은 물방울에 불과하지만
모래알이 백사장을 이루고, 물방울이 바다를 이루는 거니까.
하나님의 위대한 꿈에 쓰임 받는 모래알,
물방울이 된다면 그걸로 충분하다.

✳ 조약돌의 꿈

종종 내 강연을 들은 분들에게
긍정적인 메시지를 받는다.

나는 한없이 부족하고 작은 조약돌에 불과하지만
주께서 나를 세상이란 바다에, 타인의 삶이라는 호수에 던지시면
작은 울림과 진동이 일어난다.
다른 게 기적이 아니다.
사람이 사람에게 감동을 수고 변화를 놉는나면
그게 기적이지.

세상에 변화를 일으키는 삶,
영향을 주는 삶.
진짜 그리스도인답게 살아내자.

감사한 마음을 담아 찬양을 지었다.

나의 꿈

나는 작은 물방울에 불과하지만
바다 같은 하나님의 꿈에
한 방울 될 수 있다면.
그 한 방울도 감사해요.

나는 작은 모래알에 불과하지만
태산 같은 하나님의 꿈에
티끌이 될 수 있다면.
그 티끌로도 감사해요.

나는 작은 조약돌에 불과하지만
하나님 크신 손으로 던져
골리앗을 쓰러뜨린다면
그 돌멩이로 감사해요.

날 써주시는 은혜
날 불러주신 은혜
맡겨 주시는 은혜

하나님 나라 위해
드릴 것이 있어서
나눌 것이 있어서
그것만으로 감사해요.

지난 예수동행일기를 다시 보면서
'하나님' '주님' '교회' 등 신앙적인 용어들을 제외하고
가장 많이 쓴 단어를 체크해보았다.

가장 많이 쓴 말, 가장 자주 선포한 단어,
내 삶을 움직이는 단어, 내뱉는 순간 능력이 되는 단어.

1. 감동과 기대
2. 기적
3. 비전과 선한 영향력

평생 이렇게 예수동행일기를 쓰고 싶다.
단 한순간도 주님을 놓치고 싶지 않다.
나는 하나님 없이는 안 되는 존재니까.
그래서 하나님의 시선이 머무는 성전에서 수 시간 부르짖으며

주를 찾는다.

주님의 얼굴을 구한다.

주의 아름다우심을 보며 그 사랑을 노래한다.

하나님의 임재를 갈망한다.

그러면 주께서 만나주신다. 안아주신다.

목적 없는 만남. 아버지 무릎을 베고 눕는 시간이 너무 좋다.

아버지한테 용돈 받으려고 잘 보이는 게 아니라,

문제가 생겼을 때 급하게 아버지를 찾는 게 아니라,

그냥 아버지가 너무 좋아서 아버지 곁에 머물러

밤새 찬양하다 장막 안에서 잠드는 다윗이 된다.

"주님, 어쩌죠. 주님이 너무 좋습니다.

세상 그 어떤 화려한 스포트라이트를 받는 것보다

주의 집에서 은밀하게 나누는 아버지와의 교제가 더 좋습니다."

> 주의 궁정에서의 한 날이
>
> 다른 곳에서의 천 날보다 나은즉
>
> 악인의 장막에 사는 것보다
>
> 내 하나님의 성전 문지기로 있는 것이 좋사오니
>
> _시편 84:10

✦ 용서한다는 것

우리는 자꾸 넘어지는 자신의 모습 때문에
종종 이런 고백을 한다.
"주님, 회개해봤자 저는 또 죄 지을 게 뻔한 죄인이에요.
벼룩도 낯짝이 있지, 저는 회개할 자격도 없어요."
그러면서 교회와 멀어지고 하나님과도 멀어진다.
그럴듯해 보이지만
이는 하나님을 오해한 데서 비롯되는 현상이다.

'일리'가 있는 말이라고
'진리'가 되지는 않는다.

나에게 용서를 구하는 한 아이에게
미안해하지 말라고, 네 마음 안다고,
네 잘못 아니라고 말하면서 하나님의 마음을 느꼈다.

누군가를 용서한다는 것은
'용서한다'는 말조차 하지 않고
처음 모습 그대로 대하는 것 아닐까.
용서는 하나님이 하시는 거니까.
상대방의 잘못과 실수조차도
그 사람과 나를 동시에 다듬는 연단의 재료다.

결국 그 모든 상처와 과정은 지금의 나를 있게 하고
하나님께서 도리어 선으로 바꾸셨으니
용서를 한다기보다 고마워하는 게 맞다.

내가 행복해지기 위해선
다른 사람의 행복을 빼앗아야만 한다는
생각이 만연한 시대를 살고 있다.
하지만 그와 나 모두를 행복하게 만드는 법을 택하는 것이
하나님의 방법이다.
그러기 위해서 필요한 건 다름 아닌 '사랑'이다.

> 우리가 알거니와 하나님을 사랑하는 자
> 곧 그의 뜻대로 부르심을 입은 자들에게는
> 모든 것이 합력하여 선을 이루느니라
> _로마서 8:28

✳ 꽃이 아름다운, 사람이 귀한 이유

꽃이 아름답게 느껴지는 이유는
금방 지기 때문이다.
우리가 하나님 보시기에 아름다운 이유도
우리 인생이 짧기 때문일 것이다.

사람의 기준에서 꽃이 피어 있는 시간이 짧듯
하나님의 기준에서 사람의 인생도 짧디 짧다.

　그러나 내가 너희에게 말하노니
　솔로몬의 모든 영광으로도 입은 것이
　이 꽃 하나만 같지 못하였느니라

　_마태복음 6:29

짧은 인생이라는 꽃이 저물기 전에
주를 위해 피어 있다면 아름답다.

그 꽃은 영원히 피어 있을 것이다.
하지만 주를 떠난 인생은 시들어버린다.

한 번뿐인 짧은 인생, 하나님을 자랑하고
하나님 나라 확장하는 곳에 써주셔서 감사하다.

이름 없는 꽃과 같은 나의 이름을
주께서 아시고, 내 이름을 부르시며
귀하다고 하신 주님.
천국 가는 그날까지
계속 쓰임 받는 삶을 살자!

✳ 이런 마음이셨어요?

고된 스케줄로 지쳐 누워 있던 어느 날, 카톡이 울린다.

10대 학생의 메시지다.

"제가 좋은 거 해드리고 싶은데 아직 학생이라 돈이 없어서…

이런 거밖에 못해 드려서 죄송해요"라며

박카스 한 병을 보내왔다.

그 순간 눈물이 났다.

고마움을 알고 뭔가 주고 싶은 마음.

그 마음에 감동이 일었다.

내가 형편이 어렵던 시절 생각이 절로 났다.

주님께 드리고 싶은데 드릴 것이 없어 속상하던 시절.

20원, 200원, 2000원 헌금했을 때

주님이 이런 마음이셨을까?

✦ 순종은 단무지

잠언을 빠르게 통독하고 묵상하는데
계속 마음에 한 단어가 생각났다.
'구제'
그래서 구제사역을 나가기로 했다.

계속해서 말씀을 읽는데
한 구절이 눈에 들어온다.

　　선한 눈을 가진 자는 복을 받으리니
　　이는 양식을 가난한 자에게 줌이니라
　　_잠언 22:9

'양식'이란 단어를 보자 쌀이 생각났다.
출근길 식자재 마트에 들러
구제사역할 때 나눌 쌀 한 포대를 샀다.

내가 주님께 순종하는 방식이다.
순종은 단무지다.

단순하게
무식하게
지금 하는 것

나를 움직이는 것이 내 주인이다.
내 감정보다 말씀의 지배를 받자.
내 자존심보다 말씀을 선택하자.
어떤 상황에서도 하나님의 말씀이
판단의 기준이 되고, 하나님의 성품이
내 인격이 되도록 어떤 상황에서도
내 안에 계신 그분을 놓치지 말자.

✦ 믿음, 소망, 사랑 세트

빛나는 사람들을 보며 소망을 품는 시간이 있다면
빛 잃은 사람들을 섬기는 시간도 함께 가져야 한다.

내가 도와주고 섬기고 싶은 대상,
함께 성장하고 싶은 대상이 누구인지.
주님이 계속 거룩한 부담감을 느끼게 만드는
대상이 누구인지 생각하고 함께하는 것.

꿈을 이루기 위해 믿음을 갖고
꿈을 이룬 사람을 보며 소망을 품고
꿈을 잃은 사람을 보며 사랑으로 섬기는 것.
믿음, 소망, 사랑을 살아내는 삶이 아닐까.

✦ 조급할 필요 없어

두 번째 책을 준비할 때의 일이다.
어머니가 대상포진으로 고생하셔서
부모님 가게 일을 더 도와야 하는 상황이라
잘하고 싶은 욕심에 마음이 조급해졌다.
일상을 유지해 나가면서 원고 작업을 하기란
쉽지 않았다.

조급해하는 내 모습에 어머니가 물으신다.
"대진아, 많이 힘드니?"
"너무 잘해내려고 하는 마음 때문인지 진도가 잘 안 나가네요."
"너는 오늘보다 내일이 더 기대되는 사람이다.
어차피 평생 책을 내며 살 거잖아.
네 이야기는 앞으로도 계속 쓸 기회가 많으니
지금 준비하는 이 한 권에 다 담으려 하지 마라."

어머니의 말씀 한마디에 막힌 속이 뻥 뚫렸다.

마치 주님의 음성처럼 들렸다.

잘하고 싶은 욕심, 한 번에 모든 걸 쏟아부으려는 생각을

내려놓아야 한다.

꿈과 비전이 클수록 쪼개야 한다.

하나에 모든 걸 담을 수 없다.

'그래, 성경 66권도 수천 년에 걸쳐 여러 사람에 의해 쓰였지!'

내가 너무 어렵게 생각했다.

한 줄 한 줄 핵무기라도 만드는 듯 채웠다.

그러니 진도가 니갈 리 없었다.

언제가 될지 몰라도 이어질 세 번째 네 번째 책에서

그 은혜들을 풀어내자고 마음을 다잡았다.

⋮

그리고 지금 이 책은 나의 네 번째 책이다.

어머니의 말씀을 주님의 음성으로 듣고

평안을 얻은 결과다.

결국, 주님이 하셨다.

✦ Giver가 Winner다.

(feat. 무료 강의를 대하는 자세)

1시간 30분짜리 강의에 질의응답 시간을

갖고 나니 3시간이 지났다.

말 그대로 다 쏟아냈다.

무료 강의라 금전적인 이득은 없지만

무료라고 대충하고 유료라고 열심히 하는

사람이 되고 싶지 않아 더 열심히 했다.

언제나 내가 할 수 있는 일을 감사하는 마음으로 할 뿐이다.

나의 지경이 넓어진다는 느낌이 들 때마다

생각나는 메시지가 있다.

분당우리교회 이찬수 목사님이

"저질 목사 되지 않기를 원한다"고 힘주어 고백하는 영상이다.

교회 크게 키워주셔서 기뻐하는 저질이 되지 않기를 원한다는,

좀 유명해졌다고 기뻐하는 저질이 되지 않기를 원한다는,
큰 교회 목사든 작은 교회 목사든
구원받은 하나님의 자녀로, 십자가를 통하여 변화 받은
하나님의 사람으로 내 존재 자체를 기뻐하는 목사가 되기를
원한다는 기도. 우리 모두의 기도가 되어야 하지 않을까?

무엇보다 주님이 다 보고 계신다.
지극히 작은 일에도 성실하게 임할 때,
지극히 작은 자에게 한 것이 곧 주께 한 것임을 알고
정성을 다할 때, 주께서 더 귀하고 많은 것을 맡기신다.

나는 확신한다.
한 사람에게 정성을 다하고, 그들을 감동시키면
값을 매길 수 없는 그 이상의 가치를 얻게 된다.
그 자세를 보고 주께서 내 삶을 붙드시고,
더 강하게 일하신다.

아낌없이 주는 '기버(Giver)'가
인생의 진정한 '위너(Winner)'다.

이 자세가 주님을 소유하고,
나를 통해 주께서 일하시는 비결이다.

✴ 풍요를 버티라

〈대한민국 자기경영대상〉 특별상 추천을 받았다.
많은 사람에게 선한 영향력을 끼친 사람에게 주는 상이다.
신청 양식에 맞춰 글을 적어 내려가다 보니
하나님의 흔적들이 스친다.

자기계발 강연을 듣기 위해 서울로 올라가던 날,
숙박비가 없어 터미널 화장실에서 2시간 동안 자다가
경비아저씨에게 쫓겨나고,
겨우 찾아 들어간 편의점에서도 쫓겨났다.
가방끈이 찢어져 묶고 다니던 그 시절의 모든 순간을
내 인생의 스토리로 만들어주신 신실하신 하나님께 감사했다.
주님은 내 모든 아픔과 시련을 간증의 재료로 바꾸셨다.

아픔과 가난, 멸시와 조롱을 통과한 지금
더 큰 산이 내게 남아있다.

풍요를 버티는 것.

세상 사람에게 풍요는 그저 축복이고 목표지만,

그리스도인에게 풍요는 가장 강력한 동역자가 될 수도

가장 무서운 적이 될 수도 있다.

연단의 고난은 통과하고, 풍요는 버텨야 한다.

죽을 때까지 겸손하기 위해서

죽을 때까지 쓰임받기 위해서

오늘도 곳곳에 은혜의 흔적과 나아갈 목표를

집안 곳곳에 붙여둔다.

단 한순간도 주님을 잊어버리지 않게 하소서.

✴ 결단해도 소용없다

말씀은 깨닫기만 하면 아무 복이 없다.
말씀대로 살아내야 복이 있다.
결단해도 소용없다.
살아내야 의미 있다.

세월이 지나도 살아낸 것을 그대로 기억하려면
기록해야 한다.
살아낸 일에 살이 붙는 걸 주의해야 한다.

살아낸 것만 말하자.
나만 살아내지 말고
남도 살아내도록 돕자.

예수께서 이르시되 오히려 하나님의 말씀을 듣고 지키는 자가
복이 있느니라 하시니라 _누가복음 11:28

✴ 골리앗의 이마

다윗의 아버지 이새가 다윗을
형들이 있는 전쟁터로 심부름을 보낸다.
그런데 때마침 다윗의 눈에 하나님의 군대를 모욕하는
골리앗이 들어온다.
왜 골리앗이 하필 그때 그 장소에 있었을까?
하나님이 마련하신 기회다.
그렇다면 다윗은 무엇을 했을까?
평소 습관적으로 던지던 물맷돌을 골리앗에게 넌졌다.

골리앗의 큰 체격은 겁을 먹게 하는
조건이 될 수도 있지만 반대로 생각해보자.
큰 체격, 넓은 이마를 가진 골리앗이었기에
작은 물맷돌이 날아가 맞기 더 쉽지 않았을까?
골리앗의 큰 덩치가 두려운 게 아니라
'크니까 맞추기 쉽다'는 생각.

강점은 뒤집으면 약점이 되기도 한다.

다윗이 할 일은 물맷돌을 평소에 준비하는 것이었고
하나님이 하신 일은 그 타이밍에 다윗을 그곳에 보내신 것이었다.
준비와 기회가 만나 기적이 일어난 것이다.

내가 매순간 주님께 하는 질문이다.

"하나님이 주시는 기회를 잡기 위해 제가 지금 이곳에서
해야 할 일이 무엇입니까?"

"하나님, 지금 필요한 건 믿음으로 담대하게 시도하는
용기일까요? 아니면 하나님의 때를 잠잠히 기다리며 기도하는
인내일까요?"

"제가 순종하겠습니다. 제게 말씀해주십시오."

✴ 사고 감사예배

운전하다가 교통사고가 났다.

폐차를 해야 했고, 구급차에 실려가야 할 정도로 큰 사고였지만
검사 결과 나에게는 아무 이상이 없었다.

주께서 머리털 하나 상하지 않도록 지켜주신 것이다.

다음날 아침, 목사님께 연락해 이렇게 말씀드렸다.

"목사님, 저 감사예배 드리고 싶습니다.

지금이야말로 하나님께 감사의 예배를 느려야 할 순간입니다!"

이 일을 통해 더 겸손하고 진실된 마음으로 살아가도록
다시 한 번 스스로를 돌아볼 수 있는 기회를 주셔서 감사했다.

케이크를 준비해 이동하는 중에
보험사, 경찰서에서 전화가 온다.

사고가 심하게 났는데 괜찮은지 묻는 전화다.

내가 예배드리고 싶다고 말했을 때
목사님이 떠올린 말씀은 시편 56편이었다고 한다.

> 내가 하나님을 의지하였은즉 두려워하지 아니하리니
> 사람이 내게 어찌하리이까 하나님이여 내가 주께 서원함이 있사온즉
> 내가 감사제를 주께 드리리니 주께서 내 생명을 사망에서 건지셨음이라
> 주께서 나로 하나님 앞, 생명의 빛에 다니게 하시려고
> 실족하지 아니하게 하지 아니하셨나이까
> _시편 56:11-13

다윗은 인생의 수없이 많은 위기를 만날 때마다
외부에서 오는 위기로 인해 두려워하지 않았다.
하지만 하나님이 그에게서 멀게 느껴질 때 두려움에 떨었다.

내 인생 최고의 위기는
사고나 질병이나 부도나 사람의 위협이 아니라
하나님이 내게서 멀게 느껴지는 순간이다.
하나님이 내 편이 아닌 것처럼 느껴지는 순간이다.
생명의 빛을 전하라고 살려주신 하나님의 은혜를 느끼며
오늘도 하나님의 자녀로, 아버지를 전하는 자로 살기로 다짐한다.

✦ 주님을 놓친 10초, 내 안의 괴물

오랜만에 어머니와 대형마트에 들러 필요한 물건을 샀다.
내 의자 등받이가 부러져 새 의자도 하나 장만했다.
구매한 물건의 부피가 커서 옮기는 게 문제였다.

지난 교통사고 후유증으로 운전을 하지 못해
택시를 이용해야 했다. 택시를 불러 기다리는데
가까이 오던 택시가 그냥 지나가버렸다.
기사에게 전화해 "어디로 가시냐"고 물으니
정문 쪽인 줄 알고 지나쳤다고 한다.
그래서 기다리는데 또 그냥 지나쳐 갔다.

다시 전화를 거니 기사가 언성을 높인다.
비 오는 날 짐도 무거운데 무례한 태도에 기분이 나빠서
같이 언성을 높이다 결국 그냥 가시라고 했다.
그런데 어머니가 그냥 타자고 하신다.

짐을 싣고 앞좌석에 앉았는데 마음이 불편했다.
내 안에 계신 주님이 마음을 불편하게 하신 것이다.
신호에 걸렸을 때, 기사님에게 사과를 했더니
기사님도 그제서야 부드럽게 말씀하신다.

부드러움이 강함을 이긴다. 주님의 방법이다.
주님을 놓친 그 순간이 나의 약점이다.

택시에서 내려 집으로 가는 길, 어머니가 이렇게 말했다.

"내 아들 안에 그런 괴물이 숨어 있는 줄 몰랐네.
그런데 그 상황에서 먼저 사과하는 모습을 보면서
역시 내 아들이다 싶었다."

어머니의 말이 마치 주님의 음성 같았다.

상대가 적반하장으로 나올 때, 무례한 태도를 취할 때
내 안에 깊숙이 숨어 있던 괴물이 모습을 드러낸다.

내가 언성을 높인 데는 이유가 있었지만
10초, 그 찰나의 순간, 나는 예수님의 사람이 아니었다.
다시는 같은 실수를 반복하지 않으리라 다짐한다.

그럼에도 감사한 것은

기사님 덕분에 나의 부족함을 다시 돌아보고

점검할 수 있는 기회가 주어졌다는 점이다.

이를 통해 자존심보다 주의 말씀을 선택하도록

나를 다듬으시고, 지켜봐주시는 주님의 사랑에 감사하다.

감정보다 말씀에 지배받으며,

'순종의 버퍼링' 시간이 줄어서 감사하다.

✳ 하나님이 하셨습니다?

일이 잘 풀리거나 큰일을 해낸 사람들이
잘 하는 말이 있다.

"하나님이 하셨습니다."

나도 종종 이렇게 말하곤 했다.

"저는 그저 말씀에 순종했을 뿐입니다."

진심이고 전적으로 사실이다.
그런데 언제부턴가 성령님께서
"타인의 유익을 구하라"는 말씀을
계속 생각나게 하신다.

"하나님이 하셨다"는 말은 새가족이나

믿음이 연약한 사람들이 들으면
잘 이해가 되지 않을 것이다.
'그럼 나는 하나님이 방치했다는 소리야?' 하는 생각이
왜 안 들겠는가.

'하나님이 사업 잘 되게 해주셨습니다'라고 하면
'그럼 안 되는 곳은 하나님이 덜 사랑해서 안 도와주신 걸까?'
하는 마음이 왜 안 들겠는가.
나도 예전에 그런 말을 들으면 속으로 이렇게 외쳤다.
"아, 그래서 하나님이 어떻게 했냐고!
그래서 내가 뭘 어떻게 해야 하냐고! 뭘 하면 되냐고!"

하나님의 영광만을 드러내면서도
나 혼자 쓰임 받는 게 아니라
듣는 이도 쓰임 받도록 돕는 데까지 나가야 한다.

　　성령님, 어떻게 하면 덕을 세우며 성도들에게 유익이 될까요?

　　눈부신 결과보다도 철저한 과정을 보여줘라.

하나님과 동행하며 열매 맺는 과정을 보여주라는 것이다.
"하나님이 하셨습니다"라는 말은 너무 함축적이다.

그 안에는 셀 수 없을 만큼 많은 시간, 과정, 훈련, 만남,
인도하심이 있다.
하나님의 일이 이뤄지기 위해 하나님께서
구체적으로 '어떻게' 인도하셨는지
그 일이 이뤄지기 위해 사람이
구체적으로 '무엇'을 대가로 지불해야 했는지 말이다.

말씀대로 살아낸 삶을 보여야 한다.
반드시 살아낸 것만을 말해야 한다.

✳ 행복과 불행

하나님께서 이미 주신 것에
감사하는 순간
당신은 행복해진다.

하나님께서 주시지 않은 것에 대해
실망하고 조급해하는 순간
당신은 불행해진다.

✳ 갓난아기가 엄마 젖을 찾듯

세상에는 마음이 아프고
영혼에 상처 입은 사람이 정말 많은 것 같다.

새벽 3시, 어떤 사람이 장문의 메시지를 보내왔다.
세상이 원망스러워 극단적인 시도를 했는데,
그런 자신에게 내 책이 살아야 할 이유를
말해줬다고 한다.
제목부터 내용까지 너무 듣고 싶었던 말들이고
앞으로도 듣고 살았으면 하는 말들이
가득 담겨 있었다고.
지금, 따뜻한 쉼터가 되어주듯 그대로 있어 달라는
당부의 메시지도 잊지 않았다.

피곤에 지친 새벽 시간이었지만
메시지를 보내온 분과 통화를 했다.

자신은 불교에 가까운 무교이며
사회적 지위가 높은 집안의 자녀로 태어나
부족함 없이 자랐지만 지난 7년간의 삶이
절망의 연속이었다고 했다.

우울증과 공황장애로 약을 복용하고
스스로 마음의 공허함과 괴로움을 이겨내기 위해
온갖 방법을 써봤지만 도저히 가망이 없어
모든 걸 포기하고 싶었다는 말을 주저없이 했다.

얼마나 털어놓고 싶은 말이었을까?
누군가 들어주길 얼마나 바랐을까?

그때 사도행전 3장 6절 말씀이 떠올랐다.

> 베드로가 이르되 은과 금은 내게 없거니와 내게 있는 이것을
> 네게 주노니 나사렛 예수 그리스도의 이름으로 일어나 걸으라 하고
> _사도행전 3:6

곧바로 내 최고의 자랑, 내게 가장 귀한 분
'예수님'을 소개했다.
그리고 축복기도를 하는데, 기도를 시작하자마자

그분의 눈물이 터졌다.
하나님이 누구인지, 예수님이 누구인지도 모르는 사람이
기도하는 중간 중간 아멘이라고 말했다.

그 영혼을 너무도 사랑하시는 하나님 아버지의 사랑이
얼마나 큰지, 그 따뜻한 사랑의 온기가
내 안에도 느껴졌다.

나는 그저 기도했을 뿐인데
하나님께서는 그 영혼의 상한 마음을 만지셨다.
나는 그저 하나님 사랑을 전했을 뿐인데
하나님께서는 치유하셨다.

갓난아기가 눈을 뜨지 않아도 본능적으로 엄마를 찾고
살기 위해 온 힘을 다해 젖을 먹듯이
우리의 영혼은 본능적으로 하나님을 찾고
하나님으로부터 공급 받아야 살 수 있다는 사실이
깨달아졌다.

우리에게는 하나님의 사랑이 필요하다.
우리는 그 사랑으로 살 수 있다.
세상의 그 어떤 것으로도 채울 수 없는

마음의 커다란 구멍은
오직 예수님으로만 채울 수 있다는 것을
다시금 배웠다.

나는 오늘도 하나님의 사랑을 전하고
하나님을 자랑하는 하나님의 메신저로
나를 써주신 하나님께
감사와 영광을 올려드리지 않을 수 없다.

✦　나의 시편, 기록의 이유

하나님께서 성경을 기록하지 않으셨다면
우리는 복음을 알 도리가 없는 것처럼
내가 기록하지 않으면
내 삶에서 하나님이 하신 일들을 금방 잊어버린다.

그 순간은 하나님이 하셨다는 확신이 드는 일도
시간이 지나 상황이 힘들어지면 은혜를 잊게 된다.
기록하지 않으면 한때 좋았던 추억으로 끝나지만,
기록하면 하나님이 내 삶에 이루신 일들이 선명히 남는다.

기록해야 하나님이 하신 일인 줄 알고
기록해야 하나님 나라가 확장된다.

나는 한평생 살다 천국으로 가겠지만
내가 죽고 나서도 하나님 나라가 계속 확장되는 일에,

영혼 살리는 일에 쓰임받기 위해서는
하나님께서 나를 통해 하신 일들을 기록해야 한다.

기록된 기도 응답과 간증은 가정과 세대를 거쳐 전수되는 반면
기록하지 않은 기도 응답은 잊히거나 자기 자랑으로 변질된다.
사람들의 인정과 환호 속에 잊히고,
나이를 먹어가면서는 기억력이 흐려져 잊힌다.

중심이 변질되지 않기 위해
은혜를 망각하지 않기 위해
오늘도 기록한다.

하나님의 자녀는 누구나 시편을 쓸 수 있다.

> 여호와께서 모세에게 이르시되 이것을 책에 기록하여 기념하게 하고
> 여호수아의 귀에 외워 들리라 내가 아말렉을 없이하여
> 천하에서 기억도 못 하게 하리라
> _출애굽기 17:14